МАРИЯ КИМ

МОЙ ТЕЛЕФОН 03

Все события вымышлены, любые совпадения случайны

25 лет издательскому дому
ГОРОДЕЦ

Москва, 2021

УДК 821.161.1-31
ББК 84(2Рос=Рус)6
К40

Составитель серии Андрей Геласимов
Дизайн обложки Алены Геласимовой

Ким М.
К40 Мой телефон 03 : [роман]. — М.: ИД «Городец», 2021. — 264 с. — (Серия «Ковчег»).

Минуты, проведенные нами в скорой помощи, надолго остаются самым тяжелым воспоминанием в нашей жизни. Мы помним боль, страх и свою растерянность от того, что весь привычный нам мир остался за гулко хлопнувшей дверью машины с красным крестом. Но мы не помним врачей. Книга молодой писательницы Марии Ким детально, ярко и талантливо восполняет этот пробел. Медики смешные, грустные, добрые, злые, уставшие как собаки — все они здесь. И каждый прописан сильной рукой. *Sine ira et studio*, если говорить на их языке.

ISBN 978-5-907358-37-9

Вечность выходного дня

Если птица нахохлилась, то жить ей осталось от силы пару часов.

Разговор в больничной палате

У каждого горя свой запах. Старость пахнет мочой, нафталином и пылью. Болезнь — остывающей землей и гнилыми яблоками, нищета — фанерной трухой и дешевым стиральным порошком, безысходность — водочным перегаром и просроченной килькой. От меня пахнет мочой, нафталином, антисептиком, потом и разогретой обшивкой сидений «газели». Болезнью, старостью, безысходностью и километрами городских улиц. Я — фельдшер скорой помощи. Я знаю, что от жизни до смерти всего несколько шагов. Что покой бывает двух видов: приемный и вечный.

— Бригада Мироновой, 187 машина, Миронова, поехали!

На моем будильнике стандартная мелодия звонка, но порой спящий мозг по своей сонной прихоти переделывает ее в другие не менее знакомые и вызывающие раздражение сигналы. Например, голос диспетчера, объявляющего вызов. Миронова — это я. Доброе утро.

Год назад я выпустилась из медколледжа с дипломом фельдшера скорой помощи. Уже почти год работаю на скорой. На скорой при желании и хорошем здоровье можно заработать на квартиру, но пока я живу в общаге при областной больнице. Мои соседи — медики разной степени квалификации, местные и заезжие. Большая часть из нас работает в больницах и поликлиниках нашего небольшого города, часть понаехала из деревни на учебу, пройдет аккредитацию и вернется домой. До смены остается два часа.

Моя соседка по комнате работает медсестрой в детской поликлинике. У Саши смена начинается в девять, но она встает раньше меня, чтобы сделать укладку, навести макияж и выгладить все стрелочки на белоснежном халате. Мне красоту наводить бесполезно, к концу смены все помнется и смоется, а халаты фельдшера скорой не носят, примета плохая. Моя форма — это васильковые штаны со светоотражателями и жилетка, расписанная медицинскими символами и буквами «СКОРАЯ ПОМОЩЬ 03», напечатанными на спине той же светоотражающей краской. Васильковый мне нравится. На нем не так хорошо видна кровь, а в дневное время на дороге он довольно заметный. Я открываю холодильник, выгоняю оттуда стайку тараканов, сметаю с полки заготовленные бутерброды в рюкзак и ухожу. От общаги до станции 30 минут пути: 10 на трамвае и 20 пешком. Должна успеть.

Подстанция скорой помощи моего района занимает флигель трехэтажного жилого дома и парковку напротив через дорогу. Вход на станцию найти нелегко, он прячется во дворах, однако местные жители все равно приходят, когда кому-то поплохеет, поэтому угадать сложно, есть ли шанс с утра полежать на диванчике в фельдшерской или работа будет поджидать на пороге. Дворами я подбираюсь к серому флигелю с остатками розовой штукатурки и набираю на кодовом замке железной двери две цифры. Дверь открывается.

На первом этаже станции тепло, но сквозняк. Это заставляет диспетчера, дежурящего на селекторе, то одеваться в форменную жилетку и заматываться в шаль, то снимать с себя все теплые вещи. Пациентов пока не видно.

— Дверь! — истерично закричала диспетчер и поплотнее запахнула жилетку.

Селектор при этом она зачем-то включила, усиленный динамиками возглас прокатился по подстанции, и я услышала, как на втором этаже что-то упало и проснулось. Когда низкорослая татарочка Сима кричит в микрофон, игнорировать ее приказы нет никакой возможности. Я развернулась и потянула дверную ручку на себя. Стальная громада неожиданно легко подалась и грохнула на весь первый этаж. Эхо динамиков разнесло весть о моем прибытии на всю подстанцию. Нечто, ранее упавшее, подскочило, матерно выругалось и побежало по лестнице вниз. На всякий случай я убралась с его траектории, ввалившись в диспетчерскую.

— Дверь! — Сима снова истерично завернулась в жилетку, на этот раз по поводу двери в диспетчерскую, и, наконец выдавив кнопку селектора в положение «выкл», добавила: — Вон отсюда!

Я вынырнула из диспетчерской, но заметила лишь неясную тень с широким шагом и взметнувшиеся полы белого халата. Халаты на станции носят только врачи. Сима никому вызов не объявляла, похоже, разбуженному доктору что-то привиделось, сейчас остынет на улице, перекурит и вернется сдавать смену.

Дверь снова грохнула и пропустила внутрь пышнотелую фигуру Анны Ивановны, разом занявшую все свободные промежутки в узком коридорном пространстве. Анна Ивановна влилась в помещение плавно и уверенно, на ее полных щеках расцветал утренний румянец, лицо светилось улыбкой.

— Всем доброе утро! Серафима, какая со мной сегодня девочка работает? — Анна Ивановна немного задыхалась после ходьбы, но выпевать каждое предложение у нее, тем не менее, получалось.

Орать на Анну Ивановну Сима категорически не могла, а потому, опустив глаза, прошипела: «У вас мальчик!» — и швырнула из окошка бригадный лист. Бригадник спланировал точно под светлый взгляд Анны Ивановны, она пробежалась по нему глазами и довольно кивнула. Я с напряженным вниманием ожидала, когда она озвучит, какая все-таки девочка с ней работает. Наконец Анна Ивановна что-то беззвучно обозначила для себя одними губами, и это что-то на мою фамилию даже близко не походило. Не то чтобы я расстроилась, но, когда Анна Ивановна из коридора перетекла на лестницу, я подхватила бригадник и обнаружила свою фамилию напротив фамилии Айны.

Согласно заведенному порядку, бригады скорой помощи формируются из двух фельдшеров или одного врача и одного фельдшера. Врач или более опытный в команде называется первым номером, а фельдшер помоложе — соответственно, вторым. Третьим и весьма важным лицом выступает водитель, четвертым — непосредственно автомобиль, который большая часть водителей привыкла считать за живое существо и полноценного члена команды. Все эти персонажи меняются друг с другом от смены к смене, кроме водителей, они всегда закреплены за своими машинами. Некоторые фельдшера пытались закрепиться друг с другом, однако спустя десяток совместных смен между собой не сживались и ссорились и снова уходили в свободное плавание. Не знаю, как в масштабе вселенной, а на нашей подстанции фельдшер — существо одинокое.

Я поднялась на второй этаж. Мысли об Айне продолжали меня беспокоить, но чем ближе я подходила к дозаправке, тем активнее мой мозг оккупировали мысли насущные и неотложные. Пришло время получать аптеку.

Я — второй номер, а второй номер несет ответственность за расходники и медикаменты. В дозаправке заспанная фельдшер Неля выдает мне оранжевый чемодан-аптечку, термоконтейнер с растворами, укладку с наркотическими. В моечной я беру чистое желтое ведро — желтый означает «биологические отходы». На длинном столе рядом с дозаправочной вторые номера проверяют комплектацию аптеки перед сменой. В аптеке должны быть ампулы, шприцы, перевязочный материал, системы, катетеры, два жгута и еще целый список значимых мелочей, в растворнике — флаконы, требующие температурного режима. В желтом ведре скоро будет мусор, оставшийся от жизнеспасающих процедур. Расписываюсь за наркотические, докидываю расходники в укладку, груженная чемоданами, выбираюсь в фельдшерскую и вижу Айну.

Айна считается первым кошмаром подстанции, хотя и выглядит вполне безобидно. Ей на вид лет 70, ходит она неторопливо, но уверенно, всегда завернута в теплую пеструю шаль и темный платок. На ногах у нее адидасовские кеды, разношенные до фасона галош, под галошами — две пары шерстяных носков. Галоши на станции она сняла, расположила болезные ноги на диване как ей удобно и лузгает семечки.

Фельдшеру, попавшему в бригаду к старушке Айне, можно лишь посочувствовать. Айна работает на скорой не первый десяток лет, многое знает, много умеет и обладает невыносимым характером. Опыту Анны Ивановны тоже можно позавидовать, но Анна Ивановна совсем не имеет острых углов, текуча и спокойна, как широкая река. Айна будто состоит из одних крючков и зацепок, этими крючками она держится за все, что приносит в этой жизни доход. От дела к делу Айна не может перебраться, кроме как цепляя свободный крючок к новой прибыли, прежде чем отцепиться от прежнего источника дохода. Айну несложно понять, она тянет на себе всю свою многолюдную южную семью, но Анна Ивановна, к примеру, никогда чаевых на адресах не выпрашивает, и тем не менее не было адреса, где ей за доброту душевную не подарили бы полбатона колбасы. Айна много делает руками, не отпустит пациента, пока не посмотрит, не послушает, не пропальпирует. Анна Ивановна к больным и близко не подойдет, глядит на хворь как из-за ограждения в зоопарке и делает выводы. В диагностических способностях Айна и доктор считаются равными.

— Это ты? — спрашивает она скрипуче и внимательно смотрит черным дагестанским глазом.

— Я.

— В конце смены лишние шприцы останутся, мне отдашь. — Она отворачивается и сплевывает шелуху. Разговор окончен.

— 187-я машина, Миронова, Айна на вызов, вызов срочный!

Подхватываю сумки, бегу к выходу. Через четыре минуты после назначения вызова бригады на станции быть не должно. Перехожу дорогу на красный, машины тормозят резко, со скрипом, сигналят, но я не оборачиваюсь, мне можно. Я — скорая. На парковке с десяток автомобилей. Это пересменка, обычно их не больше двух. В пересменку все машины возвращаются на станцию, меняются бригады, заправляются сумки, заряжается аппаратура. Механики копаются в моторах и чинят то, что успела поломать ночная смена. В холодное время года на парковке всегда лед, по ночам шоферы моют машины.

Я скольжу по намерзшему за ночь, подбираюсь к машине, размышляя о том, что сентябрь выдался странным. Айна в машине, хотя, кажется, минуту назад спокойно лежала на своем любимом диване и никуда не собиралась уходить от горки налузганной подсолнечной шелухи и развешанных по батарее носков. Со старыми фельдшерами всегда так: не поймешь, в какой момент и куда они телепортируются. В машине Айна достает очередную горсть семечек, надевает очки для близи, озвучивает адрес вызова и требует «покрутить радио погромче». Водитель, тихий и сиплоголосый, из тех шоферов, которые предпочитают не отсвечивать. Я разглядываю тощую фигуру, выпирающие из-под кепочки уши, вспоминаю, что его зовут Красава-Толян, причем «красава» добавляют, когда под управлением Толи на дороге происходит нечто достойное восхищения или же доезд составляет рекордно короткий срок. Но такое происходит нечасто, стоит отвернуться от Толяна, и о его существовании мозг начисто забывает, едет машина, и ладно. Я отворачиваюсь.

Машина набирает скорость, и вслед за оборотами двигателя мои мысли становятся все обрывочней, а события разворачиваются и сменяют друг друга с частотой, недоступной адекватному восприятию. Идет смена.

94 года, сердце. 7 минут в пути. Старенькая пятиэтажка, деревянные лестницы. Хозяйка — сухая старуха на инвалидной коляске — сидит, завалившись на одну сторону, прикрыв глаза, как очень уставшая птица.

— Где болит, бабуль?

— Сердце... В левое ребро... — Голос — скрипящие половицы.

Оставляю сумки на изрезанном щелями деревянном полу, с опасением присаживаюсь в готовое трухой рассыпаться плетеное кресло. Паспорт, страховой. Пока первый номер проводит опрос, надо успеть записать данные.

— На вдохе усиливается?

— Да...

Айна выбрала себе место поближе к батарее и дневному свету, сняла свои кеды-галоши, закинула ноги на мой чемодан, думает. Снимает и снова надевает очки. Диагноз ясен.

— Это не сердце, продуло тебя. Кеторол ей, Маш. В больницу поедем?

— Это куда?

— На Мирную.

— Далеко... Я обратно не доберусь.

— А родственники?

— Внучка год назад замуж вышла и съехала... За укольчик спасибо...

— Вот здесь распишитесь, пожалуйста.

Выходим на улицу. Недомогание бабушке обезболили, кеторола хватит на полчаса, потом надо выпить еще таблетку или сходить уже в поликлинику, где терапевт пропишет подходящее лечение. До аптеки она не дойдет, до поликлиники тоже. Я больше не увижу ее, скорее всего, а мне порой не хватает знаний о том, что происходит с пациентами после того, как мы их покидаем.

За год их объезжено столько, что мой мозг думает — после они просто перестают существовать.

* * *

15 минут в пути. Задержка вызова — два часа. Частный дом, не достроен. Встречает дочь. Женщина в возрасте, значит, мама совсем уже в годах. Пахнет выпечкой, чем-то неуловимо детским. Одиночеством и потерянностью не пахнет, здесь каждый кому-то нужен. Боль есть, тревога, беспокойство. И дети. Да, здесь живут дети.

«Плохо, температура, сердце, болит нога». Глюкоза 7,7, фибрилляция предсердий, бледность, изъязвление левой конечности. Минуту Айна задумчиво смотрит на больную, как будто не видит, а затем внезапно находит ответ:

— В ноге тромб, в сосудистый.

И мы летим по встречке под завывание сирены, легковушки шарахаются в сторону, кто-то гневно сигналит. Я в салоне с пациенткой, Айна на переднем сиденье, это она распорядилась ускориться, вот Толян и едет со светомузыкой. Машину трясет на разбитом асфальте, мимо проносятся многоэтажки, на переходе — красный, носилки скрипят, бледные потные пальцы вцепились в брезент. Спит или без сознания? Считаю пульс, сбиваюсь, трясу за плечо. Нам не подчиняются ни жизнь, ни смерть, а мы вынуждены принимать решения, которые могут спасти, могут убить, но чаще оставляют все как есть.

Хирург в сосудистом интеллигентно опрятен и никуда не спешит. Меняет перчатки после каждого больного, очередь быстро подбирается к нашей. Ему времени для диагностики надо еще меньше, чем фельдшеру Айне.

— Нет тут никакого тромба. Диабетическая стопа.

Отписывает, направляет в гнойную хирургию, это на другом конце города, исключить рожистое воспаление, потом еще куда пошлют. Больше сирену не используем, это когда Айна думала на тромб, намертво перекрывший кровоток в сосуде. От рожи нога в ближайшие два часа не отвалится. Катать пациента из больницы в больницу при нашей работе одно удовольствие, если он, конечно, стабилен, главное — к обеду успеть.

В планшете обновляю статус бригады: «Вернуться на подстанцию».

— Айна, я поесть-то успею?

— Попробуй.

Айна достает свои банки и контейнеры из холодильника, накрывает поляну. На обед у нее каша в одной банке, в другой — фаршированный перец, к чаю варенье и осетинский пирог. Я Айне понравилась. Она меня приглашает угоститься и разрывает пирог на кусочки заскорузлыми пальцами, ножа на станции нет и никогда не было.

— Тебе сколько лет? — Айна резко вскидывает на меня колючий черный глаз с белым пятном на радужке.

— Д-двадцать четыре, — растерявшись, я даже пересчитываю годы, чтобы не соврать.

— Старовата, — бормочет старуха, проворачивая в уме какую-то внутреннюю бухгалтерию. — Гуляешь?

— Что?

— Не, глаз скромный. Вот если нервы... У тебя дистония?

— Откуда вы...

— Переживаешь, сгоришь. Мужика пора заводить.

— Да я на квартиру все никак не... — понимаю, что старуха шутит, пытаюсь улыбнуться, Айна серьезна, сосредоточенна, а на слове «квартира» заметно оживилась.

— Успеешь, — обрывает она, — у меня внук твой однолеток, свести бы вас...

И молча впивается в меня глазами. Взгляд скользит по моей фигуре, я следую за ним, углубляясь в извилистый ход ее мыслей, и вдруг обнаруживаю свой облик, описанный цепкими крючками-мыслями старухи. Упряма. На квартиру, может, и заработает, а пока руки не знает куда девать, еще и худоба, вегето-сосудистая дистония, намучается внучок с ней. Да и характер! Вон как зыркает! А таз широкий, детей хорошо родит... Да и не горских кровей. Айна еще раз взвешивает, решительно ставит на мне крест и закрывает глаза.

Кухня пахнет хлоркой и клопами (примерно так производители чайных пакетиков представляют себе аромат клубники). Торопливо пью чай, телепатически ощущая, как на центральной без перерыва звонят телефоны. Диспетчер снимает трубку, передает вызов на подстанцию. Селектор шипит, как обостренный астматик: «Миронова, поехали!». Не успела.

— Вызов уличный, остановка в сторону аэропорта. Что у нас с укладкой?

— Катетеров нет.

— Совсем?

— Да.

На остановке пустой троллейбус, кондукторша поддерживает за локоть старушку, божий одуванчик.

— Я в троллейбус, а они... вытолкнули, и в ребре хрустнуло.

Загружаю бабку в салон, от души хлопая дверью. Потом, когда мне выпадет счастье ехать на иномарке, испуганный водитель перекрестится и выдаст неизменное «это вам не жигули».

— И завезли куда, непонятно, и как отсюда добираться, денег-то на такси нет... — жалуется нараспев, кивая головой на каждом слове. — А чего стоим-то, дочка?

— Пробка.

— У вас же сирена?

— Только на экстренный. Будет кто умирать — включим.

Склоняет голову набок, пару минут раздумывает, подгребает к себе сумку и уверенно дергает ручку двери.

— Пойду я, моя остановочка.

С переднего сиденья разухабистое фельдшерское: «Скатертью дорожка».

— Стойте, вы куда?! — чувствую себя одиноким адекватом в этом дурдоме на колесах. — Нельзя так! Я что потом скажу, когда спросят, куда пациентку дели? «Вышла на перекрестке?»

И вправду вышла. Айна заглядывает в салон, смеется золотыми зубами:

— Сбежала? Бывает, у нас код на случай «09-ушел из машины».

Убираемся с перекрестка, находим дорогу поспокойнее, тормозим на обочине на аварийках, берем следующий вызов. Надо, кстати, коды повторить, я достаю из кармана блокнот со шпаргалками: «01-оставлен на месте, 02-отказ от госпитализации, 03-отозван диспетчером, 05-дверь не открыли» и еще 11 штук на все ситуации.

Статус — «Бригада свободна. Решение. Возвращение». На полдороге вызов. «Задыхается. Пневмония? Бронх. астма?»

Дед худой до восковой желтизны над выпирающими костями, серые глаза-блюдца на истощенном лице. Верхушки легких заливаются свистом, в нижних отделах — тишина. «У него вроде онкология, а может, и нет, ждем очереди на МРТ». Электроды кардиографа не держатся на остро выступающих ребрах, с трудом записываю кардиограмму — норма. Дыхание в нижних отделах легких не прослушивается. Гемоторакс? Ателектаз? Когда фельдшер сомневается в диагнозе, он набирает старшего врача. Айна знает, что ей скажут, за годы работы она впитала в себя все их знания и опыт, старшие врачи ей не нужны.

— Гидроторакс и в дежурную терапию.

— У них даже пульмонологии нет!

— Кислород.

Приемник в Клиниках открыли только вчера, строительная пыль тут же забивает бронхи. К хирургу очередь из стонущих, истерящих, беспомощно жмущихся по углам. Врач мечется по приемному, громко ненавидит скорую, завалившую его срочняками. Рентген не сделан, и он размахивает перед носом фельдшера кардиограммой.

— Какой гидроторакс? Вы там бензина нанюхались всей бригадой?

И выпроваживает за дверь.

Вывозим дедулю на коляске, родственница растерянно поддерживает колесо. Куда им теперь и что с ним? Знать бы, а неизвестно. Айна тянет ее в сторонку за локоть. Родственница, отойдя от больного, тут же срывается в путаный рассказ, повторяя про очередь на обследование и онкологию под вопросом.

— Рак у него, — говорит Айна, просвечивая черным глазом грудную клетку.

— А МРТ... — жалобно тянет племянница или дочь.

— Мне видно, — обрывает Айна, — долго ждали. В глаза смотри ему, видишь? Глаз как блестит, метастазы в печени, печень желчь под кожу гонит, и мозг отравило, все, нет печени. Теперь только помогать.

Родственница накидывается с вопросами, Айна отвечает. Ее объяснения сводятся к тому, что рак с метастазами в печени лечить — только мучать, а паллиативную помощь никто лучше родственников не окажет. Что в стационар по скорой их теперь не возьмут, потому что скорая в онкоцентр не возит, это поликлиника направление дает, и поликлиника виновата, что у них больные по несколько месяцев в очередях стоят. Что деду совсем скоро понадобится ставить системы, сбивать температуру и сливать мочу, и нужен для этого на дому свой медработник.

— Короче. Надумаете, помогу. — И решительно диктует свой телефон.

В свободное от первой и второй работы время, а подрабатывает она, торгуя на рынке, Айна ходит по домам и ставит хроникам за отдельную плату капельницы. Клиентов она набирает на скорой. Системы у Айны стоят дорого, но родственники на услугу соглашаются, Айна умеет продать. За совет и человеческое отношение родственники подсовывают ей в карман купюру, я отворачиваюсь. С фельдшерами Айна никогда не делится.

* * *

— Убейте меня... Яду дайте... Сил уже нет никаких...

Она похожа на очень старое кривое дерево, морщинистое, не раз битое молниями, с хрупкими толстыми наростами коры и звенящими жилами.

— Я уж ей говорила... Убей меня... Хоть вы, а?

— Мама, что ты такое говоришь! — дочка, а может, внучка. — И так целыми днями, то яду ей, то убей меня.

Она не может ходить, у нее отекшее, будто высеченное из камня лицо, ноги — деревянные колодки, вода сочится по мелким язвам, на пятке гнойный пролежень. Я смотрю на нее и понимаю, что смогла бы.

Набираю шприц, натягиваю прозрачную кожу, вены скользят под ней, как будто стеклянные. Они стекло и есть, хрупкие и скользкие, едва заденешь иглой, под кожей надувается синяк.

— Войну... Выжила. Всё бросили. Наши бросили... И потом... Жила. И в Донбассе... Выжила. Хватит с меня, а? — И смотрит безумными заплаканными глазами.

— Мы ее вдвоем не утащим. Мужчин бы, на носилках нести, есть в подъезде?

— Да откуда?

Выглядываем из окна во двор.

— Вот здесь молодые люди пиво пили, где они теперь?

Может, синяя люстра напомнила им полицейскую машину, а может, ассоциативный ряд был иным, но только на лавочке больше никого нет.

Раньше на скорой были ставки выездных санитаров, сейчас нет, сократили. Водителю машину покидать нельзя. Старший фельдшер старается писать бригадник, чтобы из фельдшеров в машине был хотя бы один мужчина, но это далеко не первоочередной момент из тех, что в бригаднике сложно предусмотреть. Начальство рекомендует привлекать прохожих и соседей для носилочной транспортировки. Человека средним весом килограммов 70 унесут трое-четверо мужчин, в бабушке 60 где-то, если на мягких носилках, троих все же надо. А представьте теперь, если сто тридцать? Бывают и такие.

— Может, волонтеров? Я не знаю... — беспомощно смотрю на Айну, старуха спокойна, что-то вычисляет про себя.

— Довели! — вдруг срывается она на дочку. — Ногами идти не может! А мы вам носильщики или кто? Мы скорая!

Дочь извиняется, говорит что-то про санитаров и что в прошлый раз были два парня-фельдшера, вот она и подумала...

— Нет у нас санитаров! — обрывает ее Айна. — Уволили. У меня девочка сорок пять килограмм, а я вам что, семижильная? Носилки — это мне, кресло компьютерное — дочке.

Спускаюсь в машину, беру мягкие носилки-волокуши, поднимаюсь в квартиру. Девятый этаж, лифт грузовой. Все равно сложно.

Айна уже распоряжается с доставленным офисным стулом, расстилает на нем волокуши, подкатывает приспособление вплотную к постели больной, обхватывает короткими руками такую же древнюю, как и она, старуху и швыряет ее в кресло, удерживая одно колесико ногой. Дочь тем временем дозвонилась в соседнюю квартиру, привела оттуда добровольца, жилистого мужика средних лет в растянутой майке-алкоголичке и трениках. Айна пристраивает его к стулу спереди, сама упирается сзади, вдвоем они переваливают стонущую пациентку через порог, вывозят из квартиры, спускают на лифте. Пандус в подъезде для инвалидов не предназначен, уж больно наклон крутой.

— Толкай! — командует Айна и торопится вниз, ловить съезжающую по склону старушку.

Больная кричит, Айна наготове, подхватывает съезжающее кресло, кружится с ним по подъезду, тормозя инерцию, сосед снимает происходящее на телефон.

* * *

Под кроссовками разлетаются брызги, водитель включает «дворники» и возвращается на парковку. Вечер, пересменка.

— Вокзальная, 8, это!

— А я говорю, Промышленная!

— Не тот подъезд, Айна! — орет водитель в матюгальник, ай да Айна, даже Красава-Толян доведен до ручки. — Это Промышленная, 8!

— Ты куда нас завез, козел?

Я учусь быстро есть, быстро думать и писать, не забывать, где что лежит, запоминать все и сразу. Захожу на кухню, санитарка возле раковины уступает мне мойку.

— Давай вперед, тебе быстрее надо.

На суточную смену предусмотрены три перерыва по 30 минут, один обед днем, два — ночью. Минуту подняться, три минуты разогреть макароны в контейнере. Дождь за окном продолжает прибивать людей, листья и мусор к асфальту.

* * *

«Прибытие на вызов. Доезд 8 минут». Общага аварийного состояния, в коридоре разбросана обувь, сушится белье, плачет ребенок и фантастическая вонь.

— У меня... Вот... Плохо мне.

— Прописки нет.

— Пиши «БОМЖ».

— Я не бомж! Я вот, хату снимаю.

— Давно пьешь?

— С 25... мая.

— И много?

— Литр-полтора в день.

— Козел ты.

— На воровском жаргоне козел — это сын проститутки. — Лицо запойного обретает интеллигентное выражение. — Так что я бы попросил...

— Сказала «козел» — значит, «козел». Топай в машину, сын проститутки!

— Девушка, а это... Меня там прокапают?

— Все вопросы к врачу.

— Девушка, а как вас зовут?

Этот вопрос уже мне. Огрызаюсь:

— Меня не зовут, я сама прихожу.

— Какая-то вы грустная, вроде и симпатичная...

Молчу.

— Нет, вы скажите, что случилось?

— Пациенты разговорами достают.

— Я же от души, думаю, красивая... — Во время разговора пьянчуга смотрит на меня, а разговаривает с ним Айна, голос и внешность в его фантастическом сознании странно перемешались, а тут вдруг разделяются, и он с ужасом переводит взгляд с одного фельдшера на другого.

— О своей поджелудочной лучше думай, — ставит точку в разговоре Айна и хлопает дверью.

Мы наращиваем стены язвительности и цинизма, отгораживаясь от боли, тупости и насилия. Быть злой легко и нестрашно. Я боюсь, что однажды мир станет добрым и пушистым, а я уже не смогу стать добрее.

— А в какую больницу поедем?

— Тебе не все равно?

— Я в четвертую не поеду, у меня там жена умерла.

* * *

Обычно фельдшера скорой попадают в вену при любом освещении и тупости иглы, ночью, с закрытыми глазами и со ста метров из арбалета. Я неправильный фельдшер. Я не попадаю ни с первого, ни со второго раза. Вены под иглой ломаются и кровят, раствор льется мимо, надувая под кожей пузыри. Над этой старушкой мы бьемся в четыре руки, залили кровью диван, убили три катетера, доступ есть. Айна рассердилась, зыркает на меня из-под широких бровей, но молчит, при пациенте ругать не положено. Ангинозные боли, как по учебнику, снимаются на игле. Сейчас мы повезем ее в кардиоцентр, и по дороге стенокардия купируется, после чего нас развернут в терапию закрываться гипертоническим кризом. В другой конец города, опять покатушки. Дождь по-прежнему поливает стекла машины. Я скучаю по солнцу.

* * *

«Вызывает сама. Причина: парализовало».

— Давно пьешь?

— Четыре дня. Мне нельзя…

— А чего тогда?

— Сорвалась.

Судорога. Больше ничего. Мальчишка с виду, по телосложению — года четыре, движения шестилетнего, речь бедная, невнятная, а выражения взрослые, глаза уставшего старика. Задержка развития. ДЦП.

— Маме больно? Мама заболела?

— Мальчик, принеси стакан воды… Хотя нет, куда тебе… Сиди тут!

— В больницу поедете? Ребенка есть с кем оставить?

— Да, соседка… Или муж…

— Плохо за тобой муж следит.

— Он только бьет, какое там… Родила вот чудовище!

— Мам, я буду скучать!

Женщина вздрагивает.

— Молчи! Что за рвань на тебе опять, почему не говоришь матери, что оборвался? Ты вообще что сегодня ел? — И захромала на кухню, подволакивая сведенную ногу.

Солнце, выглянув на полчаса, снова занавесилось дождем.

— Внимательнее! Быстрее! Точнее! — Айна все еще злится. — На вот, во дворе надергала, — протягивает три полузрелые сливы.

Мы не имеем права на ошибку, и это не мешает нам регулярно ошибаться.

* * *

В квартире запах запущенности и небрежности, запахи нищеты и боли. Включаю свет, по углам разбегаются тараканы. Их необыкновенно много, шагу нельзя ступить, чтобы кого-то не раздавить. Хозяин покрыт бородавками от кончиков пальцев до макушки, уродливые кисты размером с куриное яйцо свисают с локтей.

— Что за папилломы?

— Нейрофиброматоз.

— Повод вызова?

— Потеря речи, спутанность сознания... Уже три дня.

Логика наших граждан неуловима и прозрачна. Ждать три дня, чтобы вызвать скорую.

«Общемозговые симптомы, но острого ничего нет, и анамнез... Опухоль?» В больнице исключают инсульт, находят новообразование. Больного отправляют домой — онкологией экстренные службы не занимаются. Рассматриваю снимок. Неоперабельно. Ищу в себе хоть какие-то эмоции. Пусто. Жалости нет, да и бог с ней. А сострадание? Авиценна говорит, сострадать надо и любить больного. Я не умею. Не знаю, как это делается.

Чем ближе утро, тем более странные сны видят люди.

Ночная подстанция похожа на казарму, полупустую после какой-то особо кровопролитной войны. На расставленных по углам фельдшерской диванчиках свернулись неподвижные тела. Их невозможно разбудить случайным столкновением с мебелью или пожарной сиреной. Они поднимутся, когда услышат свою фамилию по селектору, и, даже не пытаясь проснуться, отправятся на ночную прогулку по насквозь больному городу. В темноте на полутонах переругиваются планшеты; вибрируют и пищат, подзаряжаясь, кардиографы и дефибрилляторы. Техника никогда не спит, но, в отличие от людей, чинить сама себя не умеет. Ровно в 3 селектор оживает, и диспетчер неумолимо называет фамилии одну за другой: «67 на вызов, 13 на вызов, 9 на вызов». Тела поднимаются синхронно, их взгляды полны ненависти.

— Они там по будильнику болеют, что ли? — риторически вопрошает фельдшер Хольцман в безразмерной «скоропомощной» куртке.

— Ущербные часов не наблюдают... Мы сейчас к менту катались. Температуры нет, горлышко болит, от госпитализации отказ.

— Пристрелить из табельного оружия! — назначает лечение Хольцман и отправляется на пост.

С 2 до 5 ночи спят инсультники, сердечники, гипертоники и алкоголики. Просыпаются младенцы. Они орут на руках ополоумевших от недосыпа неопытных родителей, и родители готовы поверить в любую болезнь своего ребенка, лишь бы приехали всезнающие и всемогущие врачи и сделали что-то. Мы делаем жаропонижающий укол, и ребенок заходится в плаче вдвое сильнее, зато теперь обоснованно. Родители облегченно вздыхают.

— У тебя не получается, потому что ты не делаешь себе удобно. Переверни пациента, попроси полотенце, пересядь, включи свет. Вытащи язык из жопы и не стесняйся. Ты единственная, кто сможет им помочь, а значит, ты должна уметь. Тебе должно быть удобно. Не торопись, только когда ты уверена, начинай что-то делать, но не затягивай.

Я скольжу пальцем по контуру вены, выбирая удобную позицию для иглы. Не торопись. Не затягивай. Ты не лучше и не хуже, у тебя получится все, что получилось у других.

— На заправку?

— Давай, Толян.

— Мороженое будете?

— И так холодно, какое еще мороженое?

— А я печку включу!

От печки стекла мгновенно запотевают. Парковка становится призрачной. Подъезжает цистерна, идет слив. Айна дремлет, свернувшись в усталый клубок. Толян возвращается с мороженым.

Шоколадное. Четыре утра. Минус восемь. Кажется, это называют счастьем.

Я вас не слышу

Скандал — первый шаг на пути к талантливой истерике.

Диалоги скорой помощи

Смену я сдала вовремя, но вовремя уйти со станции не успела. «Подняться к старшему фельдшеру!» — свежим голосом бросила по селектору сменная диспетчерша и назвала несколько фамилий дежурантов старой смены. Тела дежурантов остались неподвижны на своих диванах. Я знаю, что они встанут минуты через две, им нужны силы, чтобы собрать непослушные гудящие мышцы. Или не встанут, и тогда диспетчер через четыре минуты позовет их опять.

Я поднялась на третий этаж. Третий этаж подстанции — административный. Здесь сидят заведующий, старший врач, старший фельдшер и статист. Отсюда статист с утра принимается обзванивать поликлиники, чтобы направить участковых терапевтов по адресам вызовов прошлой смены на контрольный визит. Есть ли у статиста другие обязанности, мне неизвестно. Старший врач подстанции приходит в рабочие дни с утра пораньше, проводит с дежурантами планерку и проверяет карты вызовов. Если карта написана с ошибками, возвращает ее фельдшеру с замечанием, чтобы жалобы больного совпадали с описанием в руководстве, а лечение соответствовало стандарту, и без самодеятельности.

Работа в кабинете старшего фельдшера бушевала созидающим смерчем. Все носились, орали, путались. Одна Алена была к хаосу равнодушна, собранна и спокойна.

— Десять бригад не дам, — говорила она в телефон, — болеют. Восемь будет. И педиатры. Вместе с педиатрами. Сима, позови мне их еще раз, надо раздать расчетки и определиться с отпуском, — это уже по другому номеру. — Неля, морфина много списали вчера, скажи им, чтоб не хулиганили, на старых запасах до четверга бы дотянуть, — фельдшеру аптеки, та выдает новой смене наркотики за соседним столом. — Маша. К тебе просьба. Пойдешь на центр диспетчером.

Я вздрогнула. «Маша» — это уже явно мне.

— Зачем? Это куда? И я не умею. И что с деньгами?

— На центр, в оперативный отдел. Поедешь сейчас к старшему диспетчеру, составите график, она тебе все покажет. Надо принимать вызова, там по сетке, компьютер, не сложно, должна понять. Там народу нет. Я уже студентов отправила и диспетчеров с подстанции, не скучно будет. По деньгам так же, я тебе линию в табель напишу, за надбавки не переживай. Пиши телефон отдела.

Так я на время стала диспетчером.

— Ало! Ало!

— Скорая помощь, 44-й, слушаю.

Среднестатистический житель, позвонивший в экстренную службу, взволнован, напуган смертельной опасностью и уверен, что время не на его стороне. Он никогда не помнит, какой телефон правильный: 030 или 103, а потому набирает 112. В 112 отвечает диспетчер, специалист широкого профиля по аварийным ситуациям, в медицине понимающий весьма поверхностно. Я не слышу, какие вопросы она задает заявителю, слышу в своем наушнике голос женский, усталый, с профессиональной хрипотцой.

— Девочки, 112. Карточку скинула. Говорите со скорой.

— 112, не получила... Ало, я вас не слышу! — Адрес и жалобы абонента записаны в 112 и перенаправлены на мой компьютер, однако наши системы несовместимы, и карточка приходит ко мне с задержкой или вообще на соседний пульт.

— Говорите со скорой!

— 112, что со связью? — Перевести абонента на мой телефон тоже не гладкая операция, звонки срываются, приходится перезванивать, а номер заявителя занят, он дозвонился на соседний пульт, вот только карточка осталась на моем.

— Там мужчине плохо с сердцем, Горького, 25...

— Карточку не получила, ало.

— Ало, скорая? — абонент наконец объявился.

— 112?

— Освобождаю линию.

— Барышня...

В компьютерных мозгах происходит нечто необъяснимое, абонента все же перекинули на другой пульт, я выглядываю из своей кабинки и прислушиваюсь к разговору диспетчера на соседнем пульте справа. Моя коллега на горячей линии отсидела свои лучшие годы и вышла на тот уровень слияния с аппаратом, когда от нечего делать свободный мозг начинает превращать работу в произведение искусства. Барышня на пенсии, красящая седину в огненно-рыжий, а брови — в угольно-черный цвет, набравшая лишний вес на сидячей работе. Начисто лишенная музыкального слуха с великолепно поставленным голосом, такое сочетание встречается только в колл-центрах. Она обожает звучание своего голоса, играет с тональностями, пока язык отрабатывает заученный и пустивший корни в подсознание текст. Она знает, какое значение имеет ее решение здесь и сейчас, и не собирается посвящать абонента в последствия своего решения, однако отчасти не сдерживается:

— Я не барышня, я фельдшер по приему вызовов. Говорите.

— Плохо мне...

— В чем плохо?

— Умираю...

— Как именно умираете?

— Вы издеваетесь?

Абонент на грани раздражения, его уже погоняли с пульта на пульт, и не объяснишь, что одни и те же жалобы он повторяет разным людям, сидящим по разным углам комнаты или вовсе не в этом здании.

— Нет. Горького, 25, телефон 9735? Квартиру, подъезд, этаж.

— У меня сердце слабое!

— Адрес, адрес!

Одна ошибка в номере дома, и бригада уедет на другой конец города, ищи ее потом.

— Третий подъезд, пятый этаж. Сердце у меня...

— Вам выслать бригаду?

— Моей жене.

— Фамилия, имя, отчество. Сколько лет жене? — Данные тоже надо, утром позвонят родственники, чтобы уточнить, в какую больницу бригада увезла женщину, а диспетчер допустил ошибку в фамилии, и по базе уже не пробьешь. Абонент напряженно вспоминает, данные кружатся в его памяти панической каруселью.

— 50... 56. Не помню. Фамилия, как у тебя фамилия?

— Если это ваша жена, у вас общая фамилия!

— Простите, я волнуюсь.

— Успокойтесь, говорите со мной.

— Я не...

— Говорите со скорой! Сколько лет? Это важно. Она в сознании? Может говорить? Дайте ей трубку.

Очень ответственно — определиться с поводом. Поводу компьютер присвоит номер в системе, а номеру — срочность вызова. На 1–2 срочность норматив доезда 20 минут, на 3–5 — два часа, а в наше неспокойное время — до суток и дольше.

Абоненту об этом говорить нельзя, а надо задавать правильные вопросы.

— Тяжело говорить! Тяжело дышать!

— Кому?

— Мне!

— Жена. Ваша жена. Отвечайте на вопросы. В сознании?

— Да. Но... кажется...

— Не «кажется», только на вопросы. Что болит?

— Ничего не болит, только общее, знаете, как...

— Грудь, живот, спина?

Вопросы тоже выдает компьютер по сетке, но диспетчер не любит ею пользоваться, многое в сетке не предусмотрено, и отвечать в итоге не компьютеру, а человеку.

— Ребра, между ребрами, там, где сердце!

— Между ребрами сердца нет. Дышит самостоятельно? Задыхается?

— Задыхается, да.

— Одышка или чувство сдавленности в груди?

— Это да... ну, в общем... паника, понимаете?

— У вас?

— Да. А у жены... давление. Да, давление.

— Цифры.

— 180 на 90. Пульс, барышня, пульс высокий!

На десятом вопросе абонент взвинчен и раздосадован, сколько можно спрашивать, просто отправьте врачей. Абоненту нельзя знать, что свободных бригад нет, а сорвут бригаду с другого вызова или нет, решает сейчас барышня, решает задачу, непосильную для кардиолога и обязательную для фельдшера: по телефону понять, есть у пациентки инфаркт или нет.

— Я не барышня. Слабость, головокружение, тошнота, давящая боль за грудиной?

— Да, точно, да! И руки немеют!

— С обеих сторон одинаково?

— Да. Это давление?

— Не знаю, я вас не вижу. Руки-ноги с обеих сторон одинаково чувствует?

— Не знаю! Сколько можно спрашивать?! Врачи выехали?

— Отвечайте на вопросы. Температура есть? С инфекцией контакт?

— При чем тут это?!

— Отвечайте.

— Нет. Ничего нет! Пока спрашивают, помереть можно!

— Не помрете. Жене таблетку от давления и 40 капель корвалола, а вам — 60 капель, ждите бригаду.

— Сколько ждать?

— Вызов принят, ожидайте.

Я заглядываю соседке через плечо. «Повышенное давление», четвертая срочность. Ничего, выходит, ее не обеспокоило в поступившей информации, вопросы задала по сетке, значит, когда разговор прослушают, замечаний не возникнет, но, если вдруг бригада инфаркт выставит, а диспетчер просмотрела, будет замечание.

— Чего смотришь, спросить чего?

— Да вот карточка со 112 пришла, кажется, ваша.

— Да все уже. Удаляй.

Оперативный отдел расположен на центральной станции. Это бессонный мозг службы 03. Здесь принимают вызова, отсюда их направляют на подстанции и бригадам, разбросанным по городу. Отсюда старшие смены отдают распоряжения. Информация поступает со всей области по многочисленным каналам, распределяется на пульты диспетчеров и врачей, до отказа заполняет каждую рабочую голову, и головы звенят вместе с телефонными аппаратами, компьютеры греются, все форточки открыты, а диспетчера хронически охрипли и все доливают чай и кофе в свои бездонные кружки.

— Скорая, 44-й, слушаю.

— Але-е-е-е! Девушка! У меня вопрос.

— Вам вопрос или бригаду?

— Да бригаду, наверно. Нет, сначала вопрос. Мужчина тут на остановке лежит. Без штанов! Это к вам?

— Мы штаны искать не будем.

— Да он пьяный!

— Он дышит?

— Да, он спит!

— Ну и пусть спит, вам какое дело?

— Ну как же? Общественная территория!

— Тогда в полицию.

— Ну девушка! Его же уже вчера увозили ваши в больницу!

— Значит, ушел из больницы или выписали.

— Нет, ну вы мне скажите, что делать, я же не могу ничего не делать!

— Разбудите его, пусть домой идет.

— Да, а вдруг он вшивый или агрессивный какой?

— Значит, скорую? Пока вы от него добровольное согласие не услышите, я выслать бригаду не смогу. Сами подумайте, как они его насильно осматривать будут, если он в помощи не нуждается?

— Остановка «Центральный рынок», приезжайте и забирайте!

— Люди! «Центральный рынок» алконавта принимал еще кто?

Когда что-то происходит на улице, находится сразу несколько активистов, решивших оповестить 03. Они звонят одновременно, попадают на разные пульты, и тогда в системе возникают дубли — несколько карточек на один и тот же адрес. Система дубли успешно вычисляет и сигнализирует, но время диспетчера уже потрачено, а карту приходится спускать в архив.

Я пробиваю адрес по базе и обнаруживаю, что бригада у спящего алкоголика была уже час назад, осмотрела и оставила на месте, а граждане продолжают звонить. Хоть бы в кусты его подальше от дороги оттащили или записку на лбу оставили «Осмотрен 03».

Чай у меня в кружке закончился, и я иду к кулеру за кипятком. Свет в комнате приема никогда не гаснет. Глубокой ночью кто-нибудь порой отключит несколько ламп, и тут же в дальних уголках оперативного отдела диспетчера засыпают, непорядок, коллеги их ругательно будят, а старший врач снова включает свет. Комната разбита на звукопоглощающие кабинки, в каждой кабинке пульт. Стены кабинок из ДСП, звук они не поглощают, а рассеивают, и над приемом висит нескончаемый гул, прерываемый криками диспетчера, которому достался глухой абонент.

— Скорая, 44-й, слушаю. Не слышу. Не слышу. Говорите! Перезвоните! 8 номеров прозваниваются. Ну и кого взять? Кто-то, кроме этого пульта, еще работает? Ксюша, проснись! Люди умирают!

— Они всегда умирают, а я спать хочу... Скорая, 54-й, слушаю...

— Слушаю вас.

— Ало, 112, девочки, из машины звонок прошел, не отвечают, сбрасываю адрес по ГЛОНАСС — у нас там ДТП вроде как.

— Адрес пробила, бригада уже работает.

— Это на Победы? Там автобус разбился, 6 бригад выехали, заноси в архив.

— Старший врач слушает. Вам реанимацию еще? Ждите. Седьмую отправили...

У каждого диспетчера помимо бездонной кружки на столе блокнотик, в нем диспетчер ведет учет. Диспетчера соревнуются, кто за смену примет больше вызовов, победителю по итогам месяца премия 15%. Я снова отвлекаюсь от своего аппарата, гарнитура натирает висок, а гул в комнате, кажется, проник и поселился в моем мозгу. Все диспетчера приема слегка глуховаты на одно ухо из-за этой гарнитуры. Пока не видит старший, я заглядываю в кабину напротив. У диспетчера черные волосы и фиолетовые тени до ушей, а на плечах — пуховый платок. Она принимает.

— Ало! Моей маме с сердцем плохо!

— Скорая, 45-й, слушаю вас.

— Слышите?

— Слушаю.

— Понимаете, она в прошлом году лежала в кардиологии...

— Адрес. Фамилия, имя, отчество. Возраст. Кто вызывает? Подождите. Повторите.

— Быстрее, пожалуйста, что так медленно?

— Я записываю. Уточните адрес. Уточните номер. Что с мамой?

— У нее давление! Очень высокое давление!

— Как проявляется?

— Не знаю!

— Спросите. Дайте трубку. Она в сознании?

— Да! Пришлите бригаду!

— Отвечайте на вопросы. Она сердечник? Гипертоник?

— Какая разница?! Примите вызов, пусть врачи разбираются!

— Какое давление? Сознание теряла?

— Вы диспетчер, вам платят, чтобы вы вызова принимали, а не вопросы задавали!

— Я фельдшер по приему вызовов. Она задыхается? Сердце болит? Паралича нет?

— Человек умирает!

— Мне нужно определить срочность и профиль вызова.

— Самый срочный! И как можно скорее!

— Отвечайте на вопросы.

— Вы отказываетесь принять вызов? Ваша фамилия!

— Мой табельный номер 45. Отвечайте на вопросы. «Бросил трубку. До повторного звонка».

Карту с пометкой ДПЗ нельзя отправить на передачу, она не обработана. Спустишь в архив — абонент больше не дозвонится и бригада не выедет, непорядок. Диспетчер пытается перенабрать абонента, абонент недоступен. Она может закрыть карту поводом «Человеку плохо. Причина неизвестна», это будет третья срочность. Может написать «Плохо с сердцем, кардиобольной», это вторая. Воля диспетчера, и диспетчеру отвечать. И она выставляет третью.

Я вывожу оперативную обстановку на экран. 38 на ожидании. Это немного, за час раскатают, вчера было 120.

— Маша!

— 44-й, скорая... Чего, Ксю?

— Разбуди Игоря. Он с самого обеда спит!

— Пусть спит. Он болеет. Я тоже через часик пойду. Скорая, 44-й...

— Ало, тут на остановке...

— Лежит пьяный мужчина без штанов!

— А как вы узнали?

— По карте посмотрела. Не трогайте его, он спит.

— Да нет, я спросить только. Он же не должен здесь лежать?

— Вообще-то должен.

— А... я могу что-то сделать?

— Конечно! Оттащите подальше в тихое место, чтобы его никто не беспокоил.

В городе есть несколько точек, где проживают бомжи. Это стратегически выгодные точки, рядом или теплотрасса, или супермаркет сбрасывает просрочку. Но обывателю такие тонкости неизвестны, и он вызывает на точку день за днем. Линейные бригады озадачились, отыскали картонки, маркер, написали на них «03 не звонить, он здесь живет» и расставили в проблемных местах. Вызывать перестали.

— Скорая, 44-й.

— Девушка! У нас тут началось...

— Роды?

— Эм... нет. Хотя вообще-то да. Год назад. У ребенка температура 39,5!

— В смысле, годик ребенку?

— Да!

— Так дайте ему жаропонижающее.

— У нас нет! Ничего нет! Мы на даче в СНТ «Лесной», тут ни медпункта, ни аптеки!

— Что же вы с годовалым ребенком в такие... дачный массив забрались? Как вас искать теперь?

— Пишите СНТ «Лесной», седьмое шоссе.

— Белоярский район?

— Нет, соседний. Хотя да. Там на границе.

— Так не пойдет. У меня в справочнике такого нет. И на карте нет.

— Мы можем машину на шоссе встретить.

— Да, так будет лучше. Диктуйте ориентиры.

— Записывайте, строение 7А за кольцом, сразу после поста ДПС.

— Я вас поняла. Когда назначат бригаду, перезвоню, сообщу бортовой номер. Але, диспетчеру направления, третий пульт. Вам адрес знаком?

— Нет, не знаком. Шоссе длинное, это какой сектор?

— Не могу пробить.

— А я не могу подстанцию назначить!

— Перезвоню... Алло, мамочка, говорит скорая, вы выехали встречать?.. Нет, не назначили пока... Уточните участок трассы, между какими пунктами? Але, направлению, это вообще Н-ск. За ПГТ Гранит.

— Передаю на центр Н-ска. Переназначьте карту и уточните ориентиры.

— Принято. Алло, мамочка, это скорая, на какой машине встречаете?

— Мы на велосипеде.

— Мамочка, не смешно, бригада потеряется.

— Серьезно, у нас нет машины. Строение 7А, кафе «Бобры».

— Принято, встречайте, бортовой номер 360.

— Третьему пульту, диспетчер направления, вы издеваетесь? Что за «У КАФЕ БОБРЫ ВСТРЕЧАЮТ НА ВЕЛОСИПЕДЕ»? Ясно. Я... Да. Я вас понял. Передайте на прием, чтобы аккуратнее принимали.

Я снова вывожу оперативную обстановку. 5 вызовов второй срочности висят, обстановка напряженная, и направление просит всякую несрочность посылать в поликлинику.

— Скорая слушает.

— Девочки, это дежурный хирург медсанчасти, бригада, табельный номер... доставила к нам пациентку и, кажется, случайно увезла ее документы, отыщите пожалуйста.

Я от руки переписываю данные вызова и иду в комнату направления, чтобы диспетчер района сделал бригаде запрос. В направлении все не так, как на приеме. Свет тут всегда приглушен, голоса граждан не слышны, по стенам развешаны карты. В комнате приема сидят специалисты контакта, здесь — аналитики. Когда обстановка становится напряженной, эти бородатые нескладные парни в клетчатых рубашках собираются вокруг стола старшего диспетчера и вместе смотрят на карту области на ее столе, а затем расходятся по своим пультам и продолжают раскидывать шахматные фигуры линейных машин по районам. Диспетчера за пару фраз выясняют, с какого района бригада, дозваниваются и просят бригаду вернуть документы пациентке. Я возвращаюсь.

— Скорая, 44-й, слушаю.

— Алло, это медсанчасть, приемное отделение. Мы вызывали экстренную перевозку, отмените заказ. Больной не дождался.

— Ушел?

— Умер.

— Перенаправлю старшему врачу.

Старший врач скрипит креслом за моей спиной, его работа — решать нестандартные вопросы и разруливать сложные ситуации. Старшим звонят фельдшера с линии и начальство с администрации, полиция и пожарники, к ним подходят диспетчера приема, когда не могут определиться с поводом, они принимают жалобы, общаются с психическими больными и часто вызывающими по телефону, отслеживают ситуации с пожарами и ДТП. Старшие врачи — это суперкомпьютеры в системе 03, намертво приваренные к рабочему месту и нескольким телефонным трубкам, по которым они могут говорить одновременно, быстро и по делу. Откуда их взяли и как обучили, я не знаю, должно быть, они всю жизнь работали на линии, а когда стало тяжело носить чемоданы и пациентов, сели за телефон.

— Скорая, 44-й, слушаю вас. Где болит? Все болеть не может. Наркоман?

— Онкология.

— Какая стадия? У нас нет свободных бригад, обезбольте сами, у вас есть трамадол?

— В таблетках только, а он глотать не может.

— К сожалению, свободных бригад нет, попробуйте измельчить таблетки и сделать клизмой.

— Третьему пульту, 44-й, это старший врач. В медсанчасти тела нет, где умер больной?

— Если звонили из медсанчасти, наверно, там и умер.

— А куда был заказ?

— Во вторую городскую.

— А не наоборот?

— Может, и наоборот. Вот звоните и выясняйте!

— Скорая, 44-й... Да сколько можно звонить!

— А ты номер смени!

— Смешно. Игорь, проснись, пора мир спасать!

— Который час?

Утро, час скучающих шизофреников и одиноких стариков. Их в классификации типичных пациентов величают «вызывашками». Звонят они каждые сутки, а то и раз в час, сообщают разнообразные жалобы. Прибывшая бригада оставляет их на месте, закрывает карточку «органическим расстройством мозга», списывает бесполезный сосудистый препарат. Им ничем нельзя помочь, кроме как приезжать раз в сутки, чтобы проведать. Особенно агрессивных и назойливых диспетчер, подустав за смену, занесет в память телефона, присвоит контакту имя «глухой», «артист» или «припадочный» и час-другой не принимает от него звонки. Потом совесть замучает, возьмет трубку и тут же пожалеет об этом.

— Ало! Ало!

— Не орите в трубку! Когда вы уже слуховой аппарат купите, Лев Иванович! Говорите! Говорите!!!

— Нужна скорая на Татарскую, 150!

— Вы уже вчера вызывали, Лев Иванович! Сегодня что случилось?

— Татарская, 150!

— Случилось что? Я вас не слышу, перезвоните!..

Мне надоело, и я отдаю карту в направление. «Человеку плохо...»

— 44-й, скорая слушает.

— Ало, меня зовут Владимир, я нахожусь в районе Томиловки...

— Маш, Томиловку я уже принял, там роды, 36 недель.

— Владимир, вы рожаете?

— Ало! Какие-то помехи на линии. Меня зовут Владимир, и я не рожаю! Я отравился грибами!

— Маш, привет, мы только из второй городской, труп у них.

— Ало, бригада? Ну слава богу, хоть кто-то его нашел. Подробности есть?

— Да, мутная история. Лежал в областной с пневмонией, с улучшением переведен в медсанчасть, оттуда с инсультом увезли во вторую городскую, неврологию исключили, вернули в медсанчасть, потом с температурой опять во вторую, там температура упала, хотели вернуть — и не успели. Покатался перед смертью.

— А вот и Лев Иванович. Твоя очередь отвечать.

— А мне артист дозванивается. Ало. Ну сегодня-то что у вас?

— Плохо мне!

— Голова? Сердце? Почки?

— Все!

— У вас гипертония?

— Да!

— Онкология?

— Да!

— Эпилепсия?

— Да!

— Синдром Клайнфельтера?

— Да!

— Ну, Шарипов, может, сегодня обойдемся без этого?

— Нет!

— Вам поговорить не с кем? Поговорите со мной, зачем врачей гонять?!

— Ало, доктор, это сестра его, не нужна ему скорая, вы же знаете! Ой... похоже, нужна...

— Что там?

— Упал на пол, в судорогах бьется.

— Ну это же артист, как будто первый раз!

— А может, и последний... Девушка, приезжайте, а?

— Вызов принят, ждите.

— Третьему пульту, диспетчер направления. Оформляйте карты нормально! Что значит «съел несвежую дохлую мышь»?

— Это значит «ребенок до года».

— А «инородное тело в женских половых путях»? Подождите, не объясняйте, я не хочу этого знать. И что же оно в них все лезет и лезет...

— Скорая, 44-й... В сознании?

— Нет!

— Дышит?

— С трудом... Уже! Уже перестал дышать!

— Неизлечимо больной?

— Не знаю, я не знаю!

— Онкология есть?

— Он не дышит!

— Вызов принят.

— Третьему пульту, почему «без сознания, причина неизвестна», если онкология?

— Они не уверены.

— Ну как же, вот диагноз в базе!

— Я не посмотрела.

— Бригада после суток, сорвали с пересменки. Привет вам от них.

Без сознания по неизвестной причине — вторая срочность, онкология — третья, раковых больных в четвертой стадии не реанимируют, а значит, делать там бригаде особо нечего. Но я не уверена, я их не вижу, и многое мне неизвестно. Недостаток информации вызывает страх, пока не поймешь, что, обладая властью распределять время, ты все равно ничего не решаешь.

— Ало, скорая помощь, 38-й. Не слышу вас, перезвоните.

— Скорая, 44-й. Я вас не слышу.

Несрочный вызов

*Жизнь. Забавно. Как мы находим слова,
чтобы обозначить то, что не можем определить?*
Диалоги скорой помощи

Это люди. Их узловатые извилистые вены напоминают русла и дельты рек. Сеть капилляров, отбрасывающая тень на усталые веки — трещины на высохшей и такой же усталой земной коре. Складки на их вспотевших и бледных ладонях с дрожащими пальцами — прожилки кленового листа, обращенного к осеннему свету. Шрамы от травм и операций — вызревшие провалы в зернистости августовского млечного пути. Родимые пятна на горячей желтеющей коже объединяются в созвездия. Уникальный орнамент отпечатка пальца — это и русла давно высохших марсианских озер, и рисунок каньона, вид из космоса, и микроскопические трещины на испарившейся капле морской воды. Лопнувший сосуд на склере подобен разряду молнии, морщины в уголке глаза — географически выверенным складкам горных массивов. Они — целые миры и наши пациенты.

А мы — фельдшера, и я понятия не имею, кто мы такие.

Я стою у окна комнаты в общежитии и изучаю свои ладони в свете заглядывающих с улицы фонарей. Света на этаже опять нет. Я смотрю на свои руки: безымянный палец короче указательного. Согласно теории пальцевого индекса, у меня высокая беглость речи, плохой прогноз в спортивных успехах, повышенный риск социопатии и шизофрении и хорошая цветовая чувствительность. Я рассматриваю свои ногти. Ногти аккуратные, чистые, срезаны под корень, ни намека на маникюр. Ногти человека, работа которого подразумевает совмещение сложного интеллектуального и физического труда. В свете фонарей с улицы плохо видно линию жизни и порез от неосторожно вскрытой стеклянной ампулы. Света в комнате нет, потому что сосед с наступлением холодов решил спасаться обогревателем, старенькая проводка не выдержала, и весь этаж остался без света. Ключи от щитка УЗО были у того же соседа, а он благоразумно прятался от раздражительных соседей, и достучаться до него не было никакой возможности. Мобильник у меня разрядился, потому что розетки тоже не работали. Хорошо, что сегодня в ночь смена и можно подзарядить его на станции.

Подстанция скорой уже давно стала для большинства фельдшеров вторым, если не первым домом. Работаем много, берем по полторы и две ставки, потому что зарплаты хоть и не сравнимы со стационаром, но все же нищенские. Сутки через сутки, сутки через двое, две ночи через две, постепенно на станцию переезжает сменная одежда, посуда и прочие элементы холостяцкого быта. Второй этаж — полностью жилая зона. Фельдшерская заставлена узкими диванчиками с казенными зелеными одеялами. На диванчиках спать неудобно, но если устал, то можно. Раньше их было восемь, сейчас четыре: на станцию нанес визит эпидемиолог и приказал, чтобы между лежанками была дистанция полтора метра, заведующий подстанцией, недолго думая, диваны изволил проредить. В конечном итоге дистанция между мебелью была соблюдена неукоснительно, но фельдшерам пришлось спать по двое, чем они поначалу были недовольны, а затем привыкли. Помимо диванчиков, фельдшерская плотно заставлена шкафами для вышеописанных личных вещей. Все шкафы в фельдшерскую не поместились, часть занимает пространство гардероба. В гардеробе народ из гражданского облачается в васильковую форму, зеленые куртки с неизменными полустертыми буквами «С РАЯ П МОЩ», меняет приличную обувь на разношенные кеды, кроксы или галоши и выходит из раздевалки уже не мирным жителем, а прокуренным хамоватым покорителем городских дорог и приземленным спасателем человеков.

Из гардеробной я отправляюсь на кухню, чтобы разложить суточную провизию по полкам холодильника, в коридоре меня перехватывает сестра-хозяйка и заводит в одно из складских помещений. Эта тихая немногословная женщина обитает в нескольких комнатах второго этажа, ведет учет всему имуществу подстанции, включая одежду и обувь, и появляется на свет, когда приходит время проводить очередной ремонт на станции, расписываться по технике безопасности или же выдавать новую форму.

— Вот тебе пижамка, новенькая, женская, зеленая, у тебя же 44-й? Значит, 50-й самый маленький у меня... — Она поправляет очки, делает запись в журнал, вытирает руки об изношенный, но чистый белый халат.

— Вообще-то, у меня 40-й, — напоминаю, почему-то нервничая.

— Не может быть, когда на работу устраивалась, вот, записано — 44-й, за год похудела, что ли, на нашей работе? Ну все равно, у меня твоего нет, есть 50-й.

Я разворачиваю форму, оцениваю ширину штанов, складываю и возвращаю сестре-хозяйке.

— Я из них выпаду.

— Обязана выдать, бери и роспись. Обувь будешь брать?

— Тяжеленные резиновые сандалики 42-го размера? И для чего они мне, от женихов отбиваться? Ладно, ладно, расписываюсь... И это, мне бы куртку обновить, а?

— Куртки нет, в спецодежде купишь. — Сестра-хозяйка решительно захлопывает журнал и растворяется в глубине склада.

По дороге на кухню я заглядываю в санитарскую, чтобы поздороваться с сегодняшней сменой. Санитарочек всегда две, они похожи друг на друга мощными фигурами, изъеденными дезраствором грубо сложенными руками и короткими стрижками. Обитают санитарки в уютной подсобке с кроватями и телевизором, выбираются из нее в моечную, разгрести мусор, принесенный с линии, и на парковку, помыть измазанные в крови и грязи салоны машин. С санитарками поддерживать отношения просто, главное — не раскидывать грязные иглы куда попало, очень они не любят на них натыкаться.

Добравшись до кухни, я подхожу к окну. Окно кухни выходит на сквер имени советской молодежи. По скверу идет Ренат. На плечах у Рената 20-литровый рюкзак, в правой руке он тащит спортивную сумку. Ренат не то чтобы опаздывает, но торопится. Он появился со стороны глухого забора, должно быть, срезал часть дороги дворами, один раз пробежался по газону, еще раз перепрыгнул через забор, едва не порвав сумку, на подходе к станции воспользовался проделанным в ограде техническим отверстием для сокращения пути. Содержимое сумки Рената известно всем, кто с ним однажды работал. В сумке у него жестяная кружка, столовая ложка, полуторалитровая банка, до крышки полная еще теплыми щами, и пустой термос. Термос следует залить чаем на станции, но времени остается совсем немного, а кипяток в чайнике уже остыл. Чтобы подсобить Ренату, я включила чайник. Попыталась включить.

Электрические чайники на станции проживали короткую и насыщенную жизнь. Они работали ровно неделю. Неделю их круглосуточно кипятили, пустыми и сверх меры полными, пытались прямо в них заварить кофе и сварить яйца вкрутую, а чайники все смотрели на очереди трясущихся рук с подрагивающими кружками с кофейно-заварочной летописью по внутреннему краю, на воспаленные от недосыпа глаза, слушали леденящие чайную душу истории, неизменно сопровождаемые искристым мерзнущим смехом, смотрели, слушали и больше не кипятили. На первом этаже грохнула дверь, по лестнице зачастила пара ботинок, на кухне появился Ренат. Сегодня у меня с ним смена.

Ренату под полтинник, выглядит он перед сменой на 40, под утро — на все 60. Казенная форма, синяя, на мальчика, 50-й размер, Ренату как раз, в ней он и ходит, частенько забывая постирать. Раз в месяц санитарка форму с него сдирает, стирает, пока у фельдшера выходной, и возвращает на следующей смене. Родился Ренат в дремучие советские годы в неполной татарской семье, пережил оттепель, заморозки, перестройку и увеличение пенсионного возраста. С 16 лет трудился санитаром в хирургическом отделении, там же, в перевязочной, лишился девственности, потом работал на аптечном складе и познал 64 способа перегонки спирта из разных химических жидкостей; по чьему-то недосмотру получил диплом фельдшера, исколесил всю Самару на кривоколесной «буханке» с красными крестами, подрабатывал, капая на дому частных клиентов. Ушел со скорой, выкупил у государства старенький «фиат» с такой же древней «скоропомощной» аппаратурой и устроил собственный бизнес, выезжая на дом к запойным и снимая похмельный синдром. Женился на фармацевте, проник в темные тайны аптечного бизнеса, развелся с фармацевтом, сменил еще несколько женщин, на старости лет перебрался на линию, где обучал студентов тонкостям фельдшерского искусства и с переменным успехом спасал жизни.

В бригаду к Ренату я попала по тому же принципу, по которому в целом происходили все события в его жизни — из-за разгильдяйства и административного недосмотра. Текучка кадров на линии — дело обычное. Старший фельдшер с диспетчерами проявляли чудеса логики, составляя бригадник, и порой линия работала неполными бригадами, так называемыми неотложками. Часть фельдшеров в одиночку работать любила, а Ренат предпочитал компанию, желательно женскую. Вчера он как раз наотрез отказался выходить неотложкой, и меня вывели на линию к нему в пару.

Ренат заглянул на кухню, приподнял седые извилистые брови и поздоровался:

— Миронова. Я с тобой еще не работал? Или... Помню.

С Ренатом одну смену я уже работала, но в тот раз на крайнем вызове клиенты вручили нам бутылку хорошего коньяка. Коньяк Ренат, как мужчина и старший по званию, приватизировал и, видимо, после смены его в одиночку распил, а затем скатился в недельный запой, потому что на следующей смене он благополучно не появился, а сейчас вот и меня вспоминает со скрипом.

— Седьмая машина, Юнусов, Миронова, на вызов! Срочный!

У седьмой машины совсем не греет печка, ручка на носилках сломана и водитель Андрюха, специфичный товарищ среднего возраста, со странностями. У него хронически удивленные серые глаза, вытянутый подбородок, а ноги длинные и на водительском месте не помещаются, поэтому водит Андрюха быстро, а бригаду с вызова ожидает, разминаясь на улице. Андрей состоит в коммунистической партии, придерживается конспирологических взглядов по отношению к текущему правительству и разговаривает плакатными лозунгами.

Я забираюсь на высокое сиденье кабины, фельдшер тактично поддерживает меня под локоть.

— Здравия желаю, товарищ дядь-Ренат! — козыряет Андрюха и кривит уголок рта, обнажая сколотый зуб. — Готов к труду и обороне?

— Докурю и буду, — голос у Рената певучий, низкий, прокуренный.

— Затягивайся в машине, я форточку открою! — широким жестом приглашает Андрюха и подтягивает колени к животу. — У нас вагон для курящих!

— Андрей, ты что, не видишь, с нами женщина! — Ренат возмущенно тычет в мою сторону незажженной сигаретой.

— Вижу, — Андрюха выкатывает на меня глаза, — женщина — это хорошо. Женщина в колхозах — большая сила!

— Совсем тебе твои коммунисты мозги промыли, — трясет сединой Ренат, — не место женщине на скорой!

— А чего ты с одними бабами катаешься? — прищуривается Андрюха.

Ренат не находит что сказать, докуривает и лезет в машину.

— Я себе паспорт вот сделал, правильный, смотри, красиво! — Андрюха близко подносит к моему лицу красную корочку с золотистым серпом и молотом, видно, что на домашнем принтере печатал. — Андрей Игоревич, гражданин СССР!

— А российский паспорт куда дел? — спрашиваю.

— Сжег, — отвечает решительно и гордо.

— Ну и дурак, — Ренат выкидывает окурок в окно, — штраф будешь платить. По вызову... — фельдшер диктует адрес из карточки. — Место знакомо?

Услышав адрес, шофер стал серьезен и погрустнел.

— Инкубатор все знают. Ну что, за работу, товарищи! — Андрюха снова подтягивает колени и заводит мотор.

Детский дом инвалидов, говоря попросту — Инкубатор, расположился недалеко от подстанции. Наши фельдшера в нем — частые гости. Казенная трехэтажка за двухметровым забором, одинокий охранник в будке. Мы приезжаем сюда, как правило, ночью. У детей-отказников, проживающих в Инкубаторе, врожденные пороки развития, они больны неизлечимо, хронически. Почти каждую ночь тут происходит какая-нибудь неприятность, то мочеприемник выпадет, то помрет кто-нибудь. Когда выпадает трубка, персонал Инкубатора нервничает, а смерти встречает со вздохом и, кажется, облегчением.

Ночной детский дом от дневного отличается. Встречает медсестра, провожает по коридору. Коридор освещен белыми светодиодными лампами. Двери, ведущие в помещения по бокам коридора, открыты. Надписи «**Столовая**», «**Игровая**», «**Методический кабинет**». Прямоугольник света, проникающего из коридора за дверь игровой, падает на косолапую игрушечную мебель с облупившейся краской; пирамидки, кубики из наборов детского развития рядами выстроились на полках. Некрасиво, неправильно. Игрушки должны быть разбросаны. Коридор все никак не кончается, я разглядываю медсестру. Немолодая женщина с обрезанными волосами в коротком медицинском халате. Халат расстегнут, под ним меховая жилетка и воротник пижамы, глаза заспанные. Я пытаюсь понять, чем дышит и думает она на своей невыносимой работе, заглядываю в глаза отражению в пластике коридорных дверей. И ничего не вижу. Взгляд холодный, движения вышколенные, образцовый работник по уходу, и только. В конце коридора детская, горит свет. Пришли.

Ряды деревянных кроватей с решетчатыми перегородками, из-под каждого одеяла слепые с яркого света глаза. Одни смотрят уверенно и с любопытством, другие — разочарованно, у кого-то косят в стороны, кто-то улыбается глупо и бессмысленно. Руки — плети, ноги — палочки, под одеяльцами почти ничего нет. В углу сбились в сонную кучу инвалидные коляски, тонкая нога высовывается из-под одеяла и пытается дотянуться до меня большим пальцем. Я отодвигаюсь.

— Кровотечение открылось где-то полчаса назад. Это вы быстро приехали, — сухо, по-деловому докладывает дежурная медсестра. — Рвота алой кровью, наверное, из пищевода. Она на зондовом питании. Да вот посмотрите!

В медпункте на кровати — восьмикилограммовое длинное тельце, ни одной мышцы, по обтянутым кожей костям можно подробно изучать анатомию.

— Сколько лет?

— Десять.

— И такой вес?

— Множественные врожденные патологии, задержка развития, эпилепсия... — Медсестра по ходу разговора собирает вещи, документы, лекарства и выписки. — Кровит третий раз уже. Лекарства я вот выписала, питание положила. Про зонд сказать не забудьте.

Нянечка, сдобная, кажется, добросердечная женщина, впрочем, тоже спрятавшая свой характер в футляр профессионального безразличия, заворачивает полупрозрачное тельце в одеяло и идет к машине, я бегу вперед — держать двери, следом медсестра несет вещи, замыкает строй Ренат с аптечкой.

Хирурги в приемном покое работают быстро и тоже без лишних эмоций, мы отдаем сопроводительный талон и выходим на улицу.

Ренат достает сигарету:

— Пойдем к машине, что ли, я буду нервно курить, а ты — грустно смотреть на звезды.

Я не хочу смотреть на звезды и дышать свежим воздухом не хочу, мне внезапно надоел этот воздух, которого везде много, и за жизнь им не надышишься.

— Анекдот рассказать? — серьезно спрашивает Ренат.

— Давай.

И Ренат рассказывает о том, как судьба занесла его поработать медбратом в психиатрической лечебнице.

Я историю слышу впервые, интересно, смешно, у Андрюхи от количества повторений уши вянут, он их растирает и решительно командует:

— Будем болтать — норму не наработаем. Звони, дядь-Ренат, и бери вызов, чтобы бригада по времени не отставала. Все мировые рекорды должны быть наши!

Я молча выдернула подушку из-под Андрюхиной спины и, забравшись в салон, устроила себе лежбище на носилках. Хотелось спать.

* * *

— Вот у меня помощница волшебница! Смотрите, как быстро вам систему поставила! — Первый номер благосклонно взирал на развороченные моими кривыми руками вены правого предплечья пациентки.

— Вы, доктор, просто волшебник! — восхитилась родственница, когда после бесполезного по факту «сосудистого» укола сработал эффект плацебо и больная смогла приподняться.

— Современная медицина творит чудеса! — тоном лектора поведал Ренат. — Как голова, бабуль?

— Болить поменьше, только шум в ушах никак не пройдет... и почему-то в правом ухе больше, чем в левом, шумит, — жалуется больная.

Шум в ушах в таком возрасте в сочетании с остальными жалобами — симптом атеросклероза сосудов головного мозга. Профилактика у этого заболевания есть, лечение как таковое отсутствует. Сегодня ночью шум мешал бабушке заснуть, лет через 5–10 она не сможет узнать свою дочь. Наверное. У Рената в голове промелькнула, кажется, схожая мысль. Он оторвался на минуту от заполнения бумаг и каким-то новым, неизвестным мне пока взглядом уставился сквозь нее.

— Это море шумит, бабушка.

— Какое еще море?

— Большое северное море. Посреди моря, на льдине, плывут два медведя, а над ними — полярное сияние.

* * *

— «Вызов уличный, срочный». Что ж, коллеги, поехали спасать мир. — Ренат продиктовал адрес. И мы оба, не сговариваясь, одновременно натянули перчатки. Андрюха кивнул и завел мотор. «Наши цели ясны, задачи определены» — читалось на его одухотворенном лице. Я закрываю глаза, подробно представляя себе, что будет обнаружено на месте вызова.

Неваляшки. Фельдшера называют их «синеботами», «подорожниками», а в холода — «подснежниками». Пьяные в лежку, грязные, оборванные, побитые, они идут или ползут по своим алкогольным нуждам, падают, разбивая лицо, и замирают. Прохожие обнаруживают их во время прогулки в скверах, на остановке общественного транспорта, на углу возле аптеки или супермаркета. Иногда наблюдают из окон. Вызывают 112, как правило, бабушки советской закалки, поступают звонки и от других добросердечных или добропорядочных граждан. Граждане звонят, переживая, что замерзнет, или скончается от травм, или упал не по пьяни, а от инсульта, или «вдруг че». Но чаще все-таки потому, что не место ему тут, пусть полежит в вытрезвителе. Гражданам неизвестно, что вытрезвители отменили со времен распада СССР, а в обезьянники берут только хулиганов, лежачие тела полиция тоже сваливает на 03.

Неваляшка обнаружился на пороге аптеки. Среднее телосложение, невозможно грязный камуфляжный костюм, на голове — шапка. Как давно лежал там, установить не удалось. Вызывающий смылся, аптекарша рассказала, что постоянный клиент, приходит за фанфуриками. «Этот мир не заслуживает спасения» — Ренат перевернул пациента на спину и удостоверился, что тот жив и даже не умирает. Я поднесла к носу спящего нашатырь. Лицо сморщило нос, заворчало и открыло глаза. Теперь его следовало загрузить в машину. Андрюха из-за руля вылезать отказался, да и не должен был по инструкции. Понимая, что толку от меня мало, я все же ухватилась за ноги с налипшими на обувь комьями глины.

— Оставь, не марайся, — сказал Ренат, — иди карту писать.

Сам он ухватил алконавта за подмышки и, кряхтя, затащил его в салон. Подвиг этот ренатовой пояснице не понравился, опустив тело на пол машины, фельдшер согнулся в три погибели и рухнул на носилки.

— Ты там жив? — я включила дополнительное освещение и направила фонарь на Рената.

— Не дождетесь, — Ренат уже принял вертикальное положение и задумчиво уставился на неваляшку.

Находка окончательно пришла в себя и приподнялась на локти, затравленно озираясь.

— Фамилия-имя? — я приготовила ручку и карту вызова.

— Где я?

— Вам скорую вызвали. — Всего пять минут вызова, а я уже начинаю терять терпение, с уличными всегда так. — Вы в машине. Вам нужна помощь?

— Ага... Да! — И мужчина в красках описывает ограбление с изъятием документов и денег в количестве 700 рублей, а также последовавшее за ним избиение. Я продолжаю разглядывать тело. Он грязный, необыкновенно грязный. Весь в глине, и комья земли тонким слоем устилают пол салона, и земля продолжает с него сыпаться при каждом движении. Наверно, он сам из нее состоит, земляной человек. — Били, суки, по животу, по голове вшестером прыгали!

— Дай живот посмотрю, — Ренат склоняется над телом. — Не ори! Живот мягкий, безболезненный... Печень не увеличена. Врешь ты все. Ну, признайся, жены боишься?

Тело тревожно моргает.

— Печень, поджелудочная... Голова... Чисто.

— Что делать будем? — Я быстро заполнила свою часть документации, поставив во всех строчках паспортных данных «неизвестно».

— К нейрохирургу поехали.

— За алкаша хирурги нам «спасибо» скажут.

— Пусть сначала догонят.

Дверь с грохотом открывается, в салон по-хозяйски забираются полицейские.

— В чем дело, доктор, помощь нужна?

— Да вот, говорит, избили, следов нет... В нейрохирургию надо, да сотрясения нет...

— Давай сделаем, доктор, у нас это быстро.

— Не надо. Мы сами.

Фельдшер выпроваживает полицию, от души хлопает дверью и резко оседает на пол.

— Ты чего? Сорвал все-таки?

— Давно. Позвонок рассыпался. Нельзя нагружать. Вызов сделаем и уколешь меня... чем-нибудь.

* * *

— Коллега! — Побитый жизнью нейрохирург приемного покоя задумчиво разглядывает доставленное нами тело. — Я был о вас лучшего мнения! ЭТО что?

— ЧМТ. — После укола Ренату немного лучше, но лицо чуть заметно отсвечивает зеленью.

— Нет, коллега, это не ЧМТ, это — элементарный запой!

— ОНО сообщает, что били по голове, — устало повторяет Ренат.

— ОНО может сообщать что угодно! Больной врет всегда!

— А здоровый?

— А здоровый врет самим фактом своего существования! Потому что здоровых людей не бывает!

Я прекрасно понимаю фельдшера. Ренат тянет время. Через 10 минут с момента прибытия мы имеем полное право уехать и оставить персонал приемника наедине с этим ходячим недоразумением. Но хирурги — народ тертый. Сказав все, что счел нужным сказать, доктор возвращается к основной теме диспута.

— Коллега, здесь нет ЧМТ. Где следы травмы? Ушиб, ссадина, гематома?

— Сейчас будут! Маша, дай мне скальпель! — от раздражения лицо фельдшера меняет цвет с зеленого на фиолетовый.

— Отставить членовредительство! Вы понимаете, как меня подставили, коллега? Я не могу назначить КТ без видимых следов ЧМТ. И без КТ тоже отпустить товарища алкоголика не могу!

— Ну извините, у меня образования вашего нету! Мне все тела положено доставлять в больницу, если они письменно не откажутся. А это даже в бумагу ручкой не попадет! И куда мне его? В психиатрию мы не возим, а в терапии меня развернут к хирургам, у них КТ нет. В следующий раз шарахнем его головой об дверь, чтобы точно ваш профиль был!

— Да он же не падал! Мужчина, вы головой ударялись?

— М-м-м-м... Угу.

— Вот! — фельдшер победоносно ухмыляется.

— Да вы сговорились! — хирург обреченно подписывает карту вызова. — У вас минута, чтобы убраться отсюда, и чтобы больше я ваших тут не видел!

— До скорого, — коварно улыбается Ренат, и мы отбываем, едва не снеся закрывающейся дверью голову неосторожному санитару.

* * *

Мы сделали еще пару вызовов, и с каждым часом лицо Рената приобретало все более нездоровый вид. Анальгина в сумке больше не осталось, да он особо и не помогал. Фельдшер возлежал на носилках, подложив под поясницу одеяльце из акушерского набора и созерцал перегоревший фонарь на потолке салона.

— Как чувствуешь себя?

— Плохо.

— Может, отпишемся в больничку?

— Нет.

Фельдшера упрямые. Они не чувствуют, когда заболели, а может, чувствуют, но молчат. Ходят с угрюмой мордой, а потом вдруг падают, и спасай их. С линии всегда можно отписаться, а утром открыть больничный. Но они держатся до последнего. Сидя на больничном, не заработаешь ничего. Я вспомнила, как отписывали с линии врача с пневмонией. Вышел на работу, никому не сказав про температуру, и ходил, кашляя по углам, пока диспетчер не затащила его в перевязочную, сунув под мышку градусник. Старший фельдшер ругалась, зачитывая по памяти положение о санэпидрежиме, а он лишь хлопал воспаленными глазами, не понимая, как доктор может кого-то заразить.

Андрюха выкрутил передатчик погромче. По рации мат диспетчера, и областная бригада заблудилась в двух селах, попутно вместо одной роженицы подхватив двоих.

* * *

— Быстрее! Так долго ехали... Задыхается, сделайте уже что-нибудь!

Желтые от застарелой мочи простыни на раскладном диване, кислородный баллон, маска, 40 килограммов высушенного раком тела.

— Он ведь у вас онкологический? Опухоль в правом легком, если не ошибаюсь.

— И что теперь, ему не жить? Что вы стоите?!

Пульсоксиметр на палец, фонендоскоп в уши. Вдох-выдох, намеренно растягиваю движения, так почему-то работать получается быстрее.

— Скорая до этого приезжала? Что обычно принимает?

— Преднизолон... Что вы со своими вопросами, в самом деле?!

Два курса химиотерапии оставили от вен тонкие синие тени. Доступ затруднен.

— Да сколько можно над человеком издеваться?!

— Женщина, выйдите из комнаты и психуйте за дверью.

— Але, скорая, вы кого прислали, требую нормальную бригаду! Вызовите реанимацию!

— Ренат, что делать-то будем?

— Ничего, выходи из вены, выкидывай шприц. Эй, женщина, хватит панику наводить, сделали мы инъекцию!

— Ренат, мы же...

— Заткнись.

Цифры на экране пульсоксиметра медленно ползут вверх. 90, 91, 97... Кожные покровы медленно розовеют.

— Ой, доктор, спасибо от души, извините, что я так... нервничаю... 30 лет вместе... первого похоронила, а второй... тоже, вдовой заделалась, за какие грехи? Не отдам, не отдам!

— Да нервничайте на здоровье, только не под руку, пожалуйста! Держитесь.

* * *

— Ренат, а как мы его... Я же не попала!

— Да откуда я знаю, Маш, как оно работает?! Спасли, и хрен с ним. Себя бы полечить теперь.

— Еще анальгин?

— Хорош. Дай мне укладку.

Я лезу в карман за оранжевой коробочкой с надписью «аптечка индивидуальная». В коробке две ампулы трамадола — препарат строгой отчетности. Ренат изучает прозрачное содержимое ампулы на свету. Наркотический анальгетик.

— Списать-то, конечно, можно... — размышляет он вслух. — Но я же потом не слезу.

И возвращает укладку мне.

* * *

Домофон выключен. Темнота за подъездной дверью смотрит негостеприимно. В животе становится холодно. С каких это пор я боюсь вывернутых лампочек? Инстинкты предупреждают. И я выставляю руки с кардиографом вперед. Не оглядываться. Ренат тоже как будто что-то заметил. Задвигает меня за спину и делает первый шаг в темноту. Вспышка света включенного фонарика.

— А я вас давно жду.

Голос низкий, тихий. Просительный. Казанцев. Ну разумеется, кто же еще? Я зажимаюсь в угол, упираясь лбом в холодную стену. Страх куда-то делся, тянет блевать.

Казанцев вызывает каждый день. Роста среднего, телосложения «пивного», неспортивного, предпенсионного возраста. Всегда пьян и неопрятен. Жалобы предъявляет разнообразные, а по факту обследования обнаруживается лишь хронический алкоголизм. Домофон у него не оплачен, встречает в подъезде. Из одежды на нем одни штаны, и те без резинки, Казанцев поддерживает их полными руками, едва обхватывая свисающие по бокам жировые складки. На голове кол грязных светлых волос, лицо потное, красное, стойкий перегар. В руке ножка от табурета с выступающим на конце гвоздем. Я представляю, как мне сейчас придется осматривать, а затем лечить это никчемное неухоженное тело, и тошнота накатывает все сильнее, а табуретная ножка вызывает опасение, особенно мне не нравится гвоздь. Я стараюсь не отводить от нее взгляда.

Казанцев провожает нас в квартиру. Света нет, отключен за неуплату. Я пытаюсь обхватить пространство квартиры фонариком, Ренат вздыхает и достает из бездонных карманов своей куртки лампочку на 60 ватт, забирается на стол, на ощупь вкручивает в цоколь. Лампа вспыхивает тусклым светом. По углам разбегаются тараканы. Под ногами шуршат обрывки газет. Пустые бутылки, пепельница, тарелка с остатками еды на полу и новенькая плазма на полстены. Телевизор настолько выбивается из общей картины, что на секунду отвлекает мое внимание от ножки и гвоздя. Вспомнив об этом, я быстро разворачиваюсь, не упуская из виду широкую обнаженную спину. Казанцев нагибается за обрывком кардиограммы, оставленной предыдущей бригадой, забывая в очередной раз придержать свою пижаму. Штаны падают. От открывшейся панорамы мне становится совсем нехорошо, и я смотрю на Рената взглядом, выражающим желание убраться побыстрее.

— Положите запчасть от мебели на пол, — командует Ренат.

Казанцев замирает в раздумьях, сфокусировав взгляд на острие гвоздя. Нехотя оставляет ножку на пороге и проходит в комнату. Ренат повторно оглядывает помещение в поисках травмоопасных предметов и, кажется, остается доволен. Измеряет давление, просит меня снять кардиограмму. Казанцев располагается в постели, никак не может вместить свои бока на продавленном диване.

— Девушка, вы же помните, я уколов боюсь, — напоминает стеснительно.

— Помню.

Помню, что в вену не боится, а в задницу боится. Потому что не видит сзади, что происходит. Над кроватью обрывок фотографии пришпилен булавками к обоям. На обрывке одно лицо, женщина, немолодая, улыбается. Я накидываю электроды, поправляю подушку в изголовье. Из-под подушки вываливается короткий кухонный нож. Я незаметно подбираю его в карман, пробую острие на палец, туповат. Ренат открывает карту, не время и не место писать, но дело его. Изучив кардиограмму и выслушав жалобы, Ренат изрекает:

— Симулянт.

Казанцев смотрит недоуменно. Я предупреждающе скрещиваю руки, но Рената уже задело и, кажется, понесло.

— Сколько. Можно. Пить? — Ренат отбивает ударение на каждом слове. — Нас ждут инсульты, инфаркты, ДТП. А ты. Бухаешь. У тебя. Поднимается. Давление. Тебе — плохо. Так?

— Так, — Казанцев опускает глаза.

— Может, тебе закодироваться, а? — голос у Рената совсем усталый и хриплый.

— Я пытался... — Казанцев хлюпает носом. — Болею я. Горло болит. У вас нет леденцов? От горла? Пососать?

— Есть. Только не леденцы, — Ренат говорит тихо и отрывочно. — Еще раз сюда приеду — я тебя вылечу. И ты больше. Болеть. Не будешь. Забудь этот номер, 03, и не звони больше!

— Не буду, — Казанцев расплывается в идиотской улыбке. — Я буду 112 звонить. Я завяжу. Хочу в армию, прапорщиком. На складе работать. Возьмут меня? А может, мне инвалидность оформить?

— А может, тебе велосипед купить? И чай ромашковый? В аптеке? — предлагает Ренат. — Он успокаивает, спать будешь хорошо, не будешь звонить по ночам. Простуду вылечишь. А мне тут делать нечего. До свидания.

Он разворачивается, подхватывает аптечку и выдвигается к двери. Я следую за ним спиной вперед, прикрываясь кардиографом. Казанцев смотрит на нас печальным щенячьим взглядом, а затем, оскалившись, хватает трехногую табуретку (ей и принадлежит та ножка с гвоздем, успеваю сообразить я) и швыряет в нашу сторону. Я падаю на пол, прикрывая голову руками (откуда у меня такие рефлексы?), Ренат увернуться не успевает и оседает возле двери.

* * *

Я слышу свой пульс. Каждый удар отдается глухим стуком в голове. Я сижу на полу в обнимку с кардиографом. Хочется спать. На лбу у Рената красным венчиком промокает повязка, седина окрашена кровью. Казанцев выламывает дверь ванной изнутри. Я не помню, как его там закрыла, как нашла в карманах обмякшего тела Рената рацию. Скоро должна прибыть вторая бригада. Полиция тоже вызвана, но ждать ее бесполезно. Я засовываю руку в карман и вытаскиваю забытый нож. Вытираю о куртку и оставляю под подушкой. Ренат приходит в себя, смотрит недоумевающим от несправедливости, каким-то детским взглядом. На пороге мелькает форменная куртка знакомой расцветки. Я закрываю глаза.

* * *

Ренат госпитализирован с диагнозом «черепно-мозговая травма легкой степени», меня возвращают на линию, прикрепляют к другой бригаде. Смена продолжается. Ренат через две недели поправится и выйдет на работу. Через полгода состоится суд, на котором Казанцева признают недееспособным и приговорят к общественным работам. Он продолжит вызывать 03, и мы будем к нему приезжать. Каждый день. Не отводя взгляда от трехногой табуретки.

* * *

Это люди. Они — странные сплетения мыслимого и невозможного. Стоит увидеть в них знакомые очертания, как они тут же сменяются отчужденной абстракцией. Их невозможно ненавидеть, но и любить их я больше не могу. Люди сломаны. И что с ними происходит такое, что могло их так изуродовать? Заглянешь внутрь — покореженные все. Человек сам себя ломает похуже любых обстоятельств. Я вижу то, на что падает свет. И не оборачиваюсь.

Мама, я на вызове!

Одиссея — длительное путешествие,
названное в честь единственного выжившего.
Разговор в больничной палате

На улице Вольской застрял троллейбус. Ехал себе в никуда, в кольцевую, поглощал и выплевывал пассажиров, а ночной шторм погнул и сломал тяжелые ветки тополя, а ветка порвала провода на линии 15-го маршрута. Троллейбус уперся кривым рогом в пустое пространство — и застрял.

Я отхожу от окна, за которым сигналят, волнуются и опаздывают, нестройно и в хор матерят застрявший транспорт, а транспорту хоть бы что, застрял себе и стоит. Я захожу на кухню и вижу жующего Костика.

Костик закупался на сутки в соседней шашлычной, там самый вкусный шашлык в городе, а «скорякам» соседней подстанции по вечерам бесплатно. На Костике сегодня ритуально черный хирургический костюм и новенький двухканальный фонендоскоп на шее. Костик последний раз брился в прошлом месяце и тогда был похож на ощипанного цыпленка, о чем ему дружно и сообщили. С тех пор Костик — борода. Костик торопится, глотает мясо, сплевывает кости, давится, сам себя стучит по спине. От завтрака ему остается минута до...

— Девятая машина, вызов, вызов, Костик, поехали!

Костик поднимается из-за стола, и на кухне становится темно, потому что Костика всегда много. Я бы сказала, что Костик похож на шкаф, но, в отличие от шкафа, он много и не всегда по делу шевелится, но если уж зашевелился по делу, то дело будет. А еще он любит обниматься. Обнимает всех, кого видит, с размахом, с чувством, так что дыхание пере...

— Чего не дышишь, тварь болотная? Поехали!

* * *

Водитель девятой машины говорит короткими невнятными предложениями, единственные разборчивые слова в которых — это мат. Увидев меня, шофер выдает вопросительную фразу, по смыслу близкую к «это кто?».

— Чего, не видишь? Начальство бабу выдало, — огрызается Костик.

— А? — интересуется водила.

— Ну ты даешь, Леха! Не знаешь, зачем бабы нужны? Чтобы любить!

— А-а-а! — глубокомысленно изрекает шофер Леха и заводит мотор.

Следующие 10 минут поездки напоминают все взрослые аттракционы разом: Леха принципиально несется только по встречке, миллиметражно «облизывает» заборы и столбы, последовательно нарушает все пункты ПДД и фамильярно сигналит встречным гаишникам. Костик, исчерпав запасы отборного мата, теряет надежду внушить водиле основы ТБ и возвращается к теме моей профпригодности.

— ЭКГ умеешь снимать?

— Да.

— Хоть что-то.

— А еще я буквы знаю! — не выдерживаю я.

— Да быть того не может! — поражается Костик. — А родов не боишься?

В моей практике было всего двое родов и одно кесарево сечение, и все разы я работала скромным наблюдателем процесса.

— Не боюсь.

— А я вот боюсь, — печально признается фельдшер. — Сработаемся.

На место вызова мы благодаря Лехе прибываем в рекордно короткий срок. Набираю номер, домофон натужно прозванивает пустоту квартиры и возвращает нам эхо сигналом ошибки. Костик на пробу дергает дверь, оценивая вшивость магнитного замка, и одним рывком выносит ее, едва не оторвав ручку.

— Мощно. Меня научишь?

— Замок слабый, — отмахивается первый номер, — меня так один доктор научил. Вот он любые двери выносил, даже звонить не пытался... Правда, там дури было немерено.

По лестнице Костик поднимается медленно, с одышкой. Тяжело, наверно, носить в себе такую мощь, думаю я, резво перебирая ногами следом. Больные всегда занимают последние этажи хрущевок, замечено с годами практики. Пока мы поднимаемся на пятый этаж, в моей голове проносятся факты из нехитрой биографии фельдшера: родился и жил в неблагополучном цыганском районе, после школы сходил в армейку, затем год проработал грузчиком и решил «повидать жизнь», для чего устроился на скорую, когда были еще вакансии санитаров. Сообразительность его приметило начальство и направило на учебу в колледж. После колледжа продолжил работу в качестве фельдшера. По приобретении семилетнего стажа то же начальство предложило ему выучиться на врача, но Костик отказался, сославшись на то, что для доктора он туповат и вообще хороший фельдшер лучше, чем плохой врач. На женщин Костик был слаб, но преимущественно на толстушек. Женщины станции Костика любили, и, наверное, каждая из них в свое время пыталась затащить его в ЗАГС, однако, несмотря на их усилия, двадцативосьмилетний фельдшер до сих пор оставался холостяком.

Звонок в дверь. «Открываем!»

— Что у нас случилось? Сколько лет? Год? Давно живот болит? — по лицу Костика видно, что детей он любит чуть больше, чем беременных. — Не знаю. Может, чего съел. А может, аппендицит. Да не знаю я! Нет, таблетку дать не могу. Могу отвезти к хирургу. Поедете? Тогда собирайтесь.

Сущность своей работы сам Костик описывал просто — «заходим, хватаем выживших и валим»: доехать до адреса, осмотреть больных, забрать нуждающихся в госпитализации, сдать в стационар, взять следующий вызов. За сутки он успевал обслужить, наверно, больше адресов, чем вся линия. Премию ему за это никто не обещал, но фельдшер придерживался принципа «раз вышел на работу — работай».

— Усаживайтесь поудобнее, ребеночка держите крепче. Просьба одна — держитесь. — И захлопывает дверь. Леха протестующе высказывается в смысле «сломаешь».

— До нас десять лет сломать не могли!

Леха мычит, то ли соглашается, то ли осуждает и заводит мотор.

Я старательно не смотрю на дорогу, Костик звонит маме, объясняя порядок лечения какого-то дальнего родственника: «Мочегонные средства... и аспаркам, Леха, включи люстру, если уж по встречке едешь! Да, мам, мы тут больного везем... Леха, ну е-мае, у меня там ребенок, а не дрова! Почему я все еще сирену не слышу? Мы на мигалках хоть гоним или на характере?»

— Я на этой телеге с 95-го! — отзывается Леха. — Я тут, мать его, каждое колесо чувствую! Все просчитано до миллиметра! — заявляет он и в доказательство своих слов резко тормозит в двух миллиметрах от соседнего бампера.

— Да твою ж мать рот наоборот! — Костик восхищается и негодует одновременно. — Как ты прям любишь эти бампера! И чем дороже тачка, тем ближе к жопе, да, Лех?

Леха довольно улыбается, виртуозно лавируя между пешеходами на зебре.

В детской больнице к дежурному хирургу выстроилась очередь из дошкольников. Дети испуганно жмутся по лавочкам, дети реактивно носятся по коридорам, дети висят на взрослых. Несколько особенно тяжелых бессильно растянулись на стульях, испуганно смотрят на нас взрослыми глазами пациентов.

* * *

Тучи, не сползающие с атмосферы уже недели три, напитались свинцовой тяжестью, и на улице начался мелкий дождик. Одним таким дождем смыло с деревьев последние листья, теперь ветер клеил их на все подряд. Без ветра было еще куда ни шло, но в том и беда, что вместе с осадками с запада пришел неприятный холодный ветер, температура воздуха понизилась еще на два градуса. В такую погоду люди пьют чай с имбирем и кофе с корицей, а мы продолжали гонять по городу, сбивать столбы и таранить иномарки. Леха, путаясь в мате и междометиях, рассказывает, как заказал по интернету новый смартфон, а контора мутит какой-то замес, и на звонки никто не отвечает. Костик лениво называет шоферюгу лошариком и развлекается чисто педагогическим издевательством: гоняет меня по теории.

— Какой аппаратурой укомплектована линейная машина?

— Аптека, растворник, кислород, родовый, реанимационный, ружье...

— Что?

— Деф, он же дефибриллятор, Костик, я хоть и женщина, но не тупая! Детская реанимация, шины, инфузомат, носилки транспортные жесткие, носилки-трансформеры, кислород уже называла?

— Что еще?

— Огнетушитель, термос с чаем, ведро для мусора, отвертка Лехи для мать-его-ситуаций...

— Вот как все работает, вы шуточки шутите, а как примус починять — так где же Лешенькина отверточка?

— Леха, не саботируй экзамены! Мария, вам необходимо срочно перерезать пуповину...

— А тебе ее до сих пор не отрезали?

— Леха!

— Берем первый зажим, отмеряем от новорожденного 10 сантиметров, зажимаем, отмеряем еще 2 сантиметра, цепляем второй зажим, обрабатываем все спиртиком, режем стерильным скальпелем, накладываем стерильную повязку на пупочную ранку...

— Верно, стажер, но будь готова к тому, что Леха выпил наш спиртик, и придется...

— Костик, ты же сам меня закодировал!

— Я тебя обманул. Так вот, вместо спиртика будет пузырь водки, отобранный у соседей, и столовый нож, той же водкой обработанный.

— Потому что стерильный скальпель Костик спи...

— Леха, светофор!

Попетляв по объездам — половину города опять перекопали, — мы прибываем на квартиру. Хозяева — гостеприимная грузинская семья, их бабушке третий день плоховато, и родственники переживают. Бабушка в молодости, наверно, была красавица. Об этом напоминает острый, знающий себе цену взгляд, подернутый старческой пленкой. Костик снимает обувь, скатывает чистый ковер, чем вызывает у присутствующих резкий скачок уважения. Жильцы торопливо накрывают стол, предлагают чай, кофе, чачу (от которой Костик вежливо отказывается), пока мы смотрим пациентку и уговариваем ее доехать до больницы.

Я продолжаю разглядывать бабушку, обращаю внимание на выдающийся нос и полные плечи, хочу поближе рассмотреть людей, такие они здесь аппетитные, но пялиться на лица открыто мне кажется почему-то неудобным, и я перевожу взгляд на их отражения в стекле серванта. За стеклом — коллекция слоников и много столового фарфора.

— Теперь я понимаю, почему у вашей бабушки диабет, — фельдшер между тем критично оглядывает накрытый стол.

— Кушайте-кушайте, все свое, домашнее! — суетится женщина, немногим моложе занемогшей бабушки, только нос положенного размера.

— Вы, наверное, дочь?

— Невестка. Старшего сына жена. Вот вы скажите ей, куда она в таком состоянии уезжать собралась?

— А куда она собралась?

— У нее семь сыновей, она то у одного гостит, то у другого. Вроде как чтобы не надоедать. А тут правнучка родила мальчика, она и говорит, поеду к ним нянчить. Без нее некому! Вы кушайте, хачапури еще теплые! Это ведь настоящий сулугуни, маме дядя Гиви привез, такой не продают!

— Тогда можно я еще с собой в пакетик положу? У нас там водитель... Костик достает из кармана сложенный треугольничком большой «ашановский» пакет. Родственники радостно кивают и снова предлагают чачу.

* * *

— А вот на следующем вызове мы уже есть ничего не будем! Там кто-то отравился. Ты, Леха, не тормози, угощайся!

Водитель от угощения не отказывается, продолжая негодовать на почве интернет-мошенничества. Размахивая руками, он вопит, что это все проклятые менеджеры, которых развелось как тараканов, а вот в Советском Союзе образование было техническое и по делу. Костик просит его хотя бы изредка держаться за руль и слегка сбавить обороты — он не хочет соскребать мое малоинертное тело с лобового стекла. Леха на несколько минут внимает его просьбам и задумчиво несется по трассе, пока не вылетает за черту города. Затем, сообразив, что уехал куда-то не туда, извиняется и разворачивается к дачным массивам.

* * *

Цыганская семья, прижатая безжалостной лапой цивилизации к конкретному адресу, вызвала бригаду на «плохо с сердцем». Костику район знаком по беспокойному детству, не бывал он здесь со школьных времен, а потому между делом интересуется, что тут новенького и как поживает табор на окраине. Пока система капает, я разглядываю обстановку. Приобретая недвижимость, цыгане селятся в огромных двух- и трехэтажных загородных домах и заполнять их мебелью никогда не спешат, равно как и заниматься капитальным ремонтом. Так и ходят по холодным, с гуляющим эхом залам, игнорируя трещины в штукатурке на потолке, а спальные комнаты завешивают и застилают коврами. Женщин в доме много, разных возрастов, они незаметно появляются откуда-то, громко и ярко проносятся по комнате, вспыхивая вырвиглазными нарядами с несочетающимися цветами, в сопровождении толпы ребятишек и внезапно исчезают, на прощание зыркнув острым взглядом. Я нахожу Костика на кухне, он угощается чаем с бутербродами, по одному бутерброду в каждой руке, еще один в зубах, правой рукой удерживает ручку, заполняя карту вызова, и внимательно слушает худощавого старика, старшего в доме, с острым носом и немыслимым акцентом. Старик рассказывает историю из своей молодости, речь идет о том, как полиция закрывала местный бордель.

Мы провожаем старушку в машину, цыганка в плечах держится прямо, а поясницей прогнулась, наверно, рожала много. Грудь выступает, взгляд острый, и одета во все темное, только платок на голове расшит серебристыми нитками. Костик говорит дежурное «просьба держаться», от души хлопая дверью. Леха выезжает на шоссе и попадает в пробку. Привычно забыв о сирене, он лавирует между машинами, традиционно притираясь поближе к иномаркам. Костик комментирует технические характеристики стоящих в пробке автомобилей, восторженно пуская слюни на полный привод и пневматическую подвеску. Леха вычисляет понравившиеся Костику тачки и старательно пристраивается к ним в зад, едва не вминаясь носом в бампер. Я понимаю, что эта парочка сработалась хорошо, и вмешиваюсь, только когда замечаю явный логический диссонанс.

— А почему мы стоим?

— Действительно, Леха, что за финт ушами? Еще и зажигание вырубил!

— Так красный!

— Красный, Леха, был две минуты назад! Вас тут только двое на перекрестке топчется: один спит, другой бензин экономит!

Бензин у водителей скорой — отдельная статья дохода. На сутки автомобилю выделяется отмеренный механиком литраж, а сэкономленное топливо шофера считают правильным оставить у себя в гараже. Под утро, когда врачи, сбившись в сонную кучу, будут дремать на переднем сиденье, Леха заскочит к себе во двор и сольет остатки бензина в канистру. Костик об этом знает и не возражает, лишь бы смена путево шла да пробки не мешали.

Леха невразумительно извиняется за косяк и компенсирует его финишным рывком с нарушением всех скоростных пределов, а заодно и законов механики. Костик рассказывает про недавний случай с переломом голеностопа, и мы пускаемся в пространные рассуждения о видах наркоза и дореволюционных способах анестезии: раньше обезболивали исключительно самогоном, а операции делали быстро и качественно, не то что сейчас — Пирогов выполнял мастэктомию за 5 минут, ампутации — всего за 3.

Цыганка вцепилась в ручку носилок, гипнотизирует пространство перед собой взглядом, что-то шепчет себе под нос. Доехали.

Высаживаем бабушку в приемнике областной больницы и там же подбираем мужчину с асцитом, которого требуется перевезти в дежурное хирургическое отделение. У мужчины неоперабельный рак с метастазами. Костик объясняет сопровождающему его родственнику, что пациента надо ненавязчиво подготовить к неизлечимости печального его состояния. Настреляв сигарет у санитаров, мы неторопливо отбываем: к вечеру у Лехи включается романтическое настроение, и он, путаясь в трехбуквенных выражениях, рассказывает нам, что раньше трава была зеленее и молодежь уважительнее, а еще он недавно перестелил крышу так, что дождя даже не слышно, и сорвал спину на этом благородном деле. Костик ему сочувствует и интересуется, почему же он, стахановец этакий, не позвонил ему или кому-то из наших, а затем, не выдержав, громко восхищается очередной тачкой.

* * *

На пересменку мы заваливаемся на станцию, Костик дописывает карты, шифруя почерк двойными врачебными каракулями, я экстренно завариваю чай.

— Жизнь — говно, — на Костю напало лирическое настроение, — ни одного алкаша за смену, кардиограф отстой, второй номер — дура.

Мнение фельдшера на свой счет я игнорирую, за смену наслушалась всякого. Пусть хоть горшком назовет, лишь бы работой не заваливал. На кухню заходит Алсу, и Костик радостно сгребает ее в объятьях.

Рыжая татарочка Алсу, моя ровесница, с Костиком встречается недавно. У нее габаритная фигура, как раз из тех, что ему по вкусу, однако полнота приятная, и одевается, не стесняясь размеров, во все обтягивающее, предпочитая темные тона. На Алсу такой же черный, как и форма Костика, халат поверх джинсов и свитера, глаза и брови подведены широко черной тушью, почти вульгарно, но ей идет. Я смотрю, как они в обнимку отходят к окну, и мне в голову приходит мысль о двух неуклюжих пингвинах, сцепившихся крыльями на скале, на фоне далеких огней мегаполиса.

— Как тебе девчонка? — краем глаза замечает меня Алсу. Голос высокий, с капризными нотками.

— С девчонкой у меня лекционный день, — говорит Костик, — а с тобой — практика.

На его лицо наползает нежное выражение, отчего брутальная обросшая физиономия сморщивается и съезжает на одну сторону.

— Девятая, вызов!

— Поехали! — На прощание сдавив возлюбленную в объятиях, Костик устремляется к выходу. В дверях он сталкивается с Айной, сдавшей смену и оттого благодушной. — Моя турбобабушка приехала! — Айну он обнимает осторожно, приподнимает, как хрупкую вазу, и усаживает на табурет. Глаза у старушки Айны теплеют. К Костику она относится благожелательно. Затем Айна переводит взгляд на Алину, поджимает губы, на лице ее читается «шлюха». Со мной она здоровается коротким кивком, устраивается поудобнее и, задремав, уходит в себя.

* * *

— Девочка, 16 лет, упала с качелей на детской площадке.

— Интересно, что она там делала в 12 ночи...

— Качалась.

Тоскующего по реву сердец и моторов Леху сменил добродушный уравновешенный Амир. Он вел машину так плавно, что после дневных виражей я моментально вырубилась. Мне снилось, что я лечу на срочный вызов почему-то на вертолете МИ-8 и никак не могу найти нужный дом: всю видимость затянули грозовые облака. Мелькающие между ними молнии серебристыми иглами стараются сшить между собой обрывки атмосферы, а тучи наползают друг на друга в одном месте и тут же рвутся в двух других. Я достаю парашют и ныряю в потоки дождя, в процессе полета соображая, что вместо парашюта каким-то образом схватила рюкзак с консервами. Молния прошивает насквозь брезентовую ткань, банки высыпаются сквозь прорези, в полете превращаясь в стрижей, и неровным строем улетают куда-то за грозовой горизонт.

— Остановка конечная, передаем за проезд!

Костик толкает меня локтем и, не дожидаясь окончательного пробуждения, рывком открывает дверь. Я вываливаюсь на газон, а фельдшер, не обращая внимания на всяких отдыхающих в клумбах медработников, устремляется к площадке. Сидящая на детской площадке стайка подростков беспокойно снимается с насиженной горки и, хихикая, выталкивает вперед неровно дышащую девчонку.

— Чего сидим, кого ржем? — строго интересуется Костик. — Зачем скорую потревожили?

— Она вот... качалась... — продолжают хихикать подростки.

— Дышать больно, — испуганно говорит девчонка.

— Ну, пошли в машину. Здесь больно? А здесь? А так? Укольчик надо обезболить? Зря, укольчик хороший. В травмпункт поедем, рентген сделаем? Ну так, на всякий... Прекращаем истерику, девушка, вам с такой истерикой только аниме озвучивать, а не парней пугать! Маш, посиди с девочкой, пока она в пакетик дышит, я пойду с молодежью пообщаюсь.

Общение выражается в том, что Костик стреляет у пацанов сигарету и выясняет, у кого есть желание сопроводить подружку до травмпункта. Желающих не находится.

— Скажите... — уже в травмпункте спрашивает девочка. — А это не вы моего брата два года назад с менингитом забирали?

— Да, может, и я, — не возражает Костик, — тебя только не помню.

Этот мир слишком тесный даже для таких хрупких и недолговечных, как мы.

* * *

Мы сидим на заправке, первый номер пишет карту вызова, я достаю батончик и пытаюсь угостить Костика. Костик рассказывает поучительную историю о том, как из напуганных клопов готовят ароматизаторы для таких вот батончиков, и съедает угощение вместе с половиной упаковки. Часы на магнитоле показывают 00:12.

— Ночь, — говорит Костик, — время кошмаров. Ни в коем случае не снимай перчатки и готовься к путешествию в ад.

— Вообще-то, после 12 карета должна превратиться в тыкву, — нервно напоминаю я.

— Мне и одной тыквы в бригаде хватает, — ворчит Костик, — сидит, глазами хлопает и даже, падла, не курит.

Телефон начинает биться в истерике стандартной мелодии вызова, Костик принимает данные от диспетчера.

— Ох, не нравится мне этот район. Ладно, поехали, — Костик нервно натягивает перчатки. — Да помогут нам святые угодники, Аполлон и Асклепий.

Откушенная с одного бока луна унылым немигающим глазом пялится нам в спины. Мы топчемся возле подъезда двухэтажного общежития. Домофон не отвечает, а вышибать двери Костик почему-то не спешит. Мы продолжаем топтаться, пока курящий на балконе старичок по-братски не сбрасывает нам ключи.

На лестничной клетке встречающий, нетрезво пошатываясь, возится с дверью. От концентрированного перегара я захожусь в кашле и на всякий прячусь Костику за спину. Закрыв за нами дверь, он провожает бригаду к кровати больной. Женщина цветом лица успешно сливается с простыней, бардак в комнате вполне тянет на резиденцию хаоса, поскольку в трех стандартных измерениях однушки попытались уместиться спальня, гостиная и ремонтная мастерская. Пока Костик диагностирует маточное кровотечение, а я набираю лекарство, пьяный мозг хозяина квартиры успевает сменить градус лояльности к традиционной медицине. Вломившись в комнату, алконавт требует оставить больную в покое, убрать отраву в капельнице куда подальше и убраться тем же адресом, пока он всех не покрошил на батоны. Заслонив спиной пациентку и задвинув туда же меня вместе с аптечкой, Костик ждет, когда алкаш все-таки попытается перейти от угроз к действиям и, заломив ему руку, широким движением отправляет тело в полет через коридор.

— Классно, меня научишь?

— Ставь катетер. Диспетчер, нападение на вызове, требую наряд полиции. Маш, следи, чтобы близко не подходил, пока я пишу, спиной не поворачивайся. Че, опять приперся, еще полетать захотел? «СМП-аэрлайнс» всегда к вашим услугам!

Мы еще несколько минут ждем наряд, пока Костик заполняет карту, а я пытаюсь проследить одновременно за капельницей и перемещениями товарища алкоголика. Однако жертва белой горячки повторяет попытку нападения, только когда Костик уже выталкивает меня вместе с аппаратурой из квартиры и, для верности пристукнув алконавта еще раз, вместе с больной вываливается следом.

— Поехали, что ли.

— Ментов не будем ждать?

— Ха, ты думаешь, они приедут? Помню, в 15 году меня на вызове били впятером, и что-то никому до нас дела не было. Еще и наехали, «чего вызывал, раз в сознании»? А все-таки он хорошо летел! Страшно? Не ври, только мертвые не знают страха!

Я подозрительно смотрю на напарника, видимо, на том злосчастном вызове его неплохо приложили по голове.

* * *

— Отгадай загадку: кто может в час ночи искать на металлобазе машину с госномером 200 по неизвестной пока причине?

— Че?

— Фонендоскоп через плечо! Это у нас квест сейчас такой будет, поехали.

Машин на металлобазе не было никаких, были только собаки и пара разбуженных сторожей, один из которых и оказался виновником вызова. Не вникая в путаную логику адресов базы и причастность таинственного автомобиля с номером 200 к панкреатиту сторожа, мы обезболиваем немолодого человека и закидываем в дежурную хирургию.

Облака в зените неторопливо двигались к рассвету. Ветер усилился и задул с какой-то нехорошей пронизывающей стороны. Мы стоим напротив подъезда и наблюдаем за стеклами в пролетах. Диспетчер уже второй раз перезванивал по адресу, соседи обещали спуститься, но пока что-то никто не торопится. Когда смотришь на затемненные окна многоэтажки в предрассветной тишине каменных джунглей, мысли в голову лезут самые разные, большей частью философские. Они слишком хрупкие, эти скелеты, фаршированные внутренними органами, наше тело получило жизнь из пустоты и утратило с ней всякую связь. Мы думаем, что будем жить, пока мысли о нас складываются в слова, и даже не подозреваем, что все происходит на языке, которого нет.

— Тварь, сука, долго она еще там умирать будет? — нарушает молчание Костик.

Я пытаюсь собрать в кучу все хорошие и интересные мысли, грубо размазанные по извилинам.

— Ты чего такая обиженная?

— Холодно.

— Холод существует только для тех, кто его чувствует.

— А... если уже ничего не чувствуешь?

— Значит, тебя уже нет.

Костик снова набирает диспетчера:

— Але, нам откроет кто-нибудь? Мы тут уже в грунт вмерзли. Ходить не может? Вот прям так и не может доползти до домофона? Ладно, сейчас решим. Ну, если она реально не при смерти, пусть не жалуется!

Мы привычно будим соседей, добираемся до коммуналки, вылавливаем алкашку из кучи вонючего тряпья и грузим в машину. Тетка матерится, не дает себя осмотреть и окончательно выводит Костика из себя. Мы закидываем больную в хирургию с диагнозом «ущемление грыжи», в процессе транспортировки тетка сползает на пол салона и отказывается его покидать.

— У вас фельдшер хамло, я не буду с ним общаться. А вы очень красивая, можно мне с вами говорить? — неожиданно трезвым и оттого еще более безумным голосом выдает женщина.

* * *

— Господи, что ж за вонища-то, мы с тобой после этой хаты как два бомжа, а если вдруг к приличным людям вызов будет?

— Это вряд ли.

— Ух, сука, надо было ей чего вколоть побольнее! А вот и менты! Амир, пошли разберемся, где это их коллеги ошиваются, пока медработников убивают!

Костик с Амиром удаляются к полицейскому «бобику» с воинственными лицами. Разговор очень быстро переходит в мирное русло, Костик привычно стреляет у мужиков сигареты. В приемном покое на каталке дергается в ломке обросший парень с заостренными скулами и выпирающими даже под одеждой ребрами. Испуганно жмущиеся по лавкам сердечники просят его уже чем-нибудь обезболить. Медбрат приемника бессильно разводит руками.

* * *

Вызов срочный на «без сознания». На ночных дорогах люстру можно не включать, из «газели» в городской черте и так много не выжмешь. Мы вламываемся в квартиру, Костик торопливо проверяет жизненные показатели.

— Кома. Стабильно. Набирай преднизолон, на все у тебя 2 минуты.

Потыкав для успокоения совести иглой в спавшиеся вены, Костик оставляет попытки реанимации. Он уже сообразил, что на этом свете доходяге делать нечего.

— Я правильно понимаю, что он уже с утра в таком состоянии? Мне неприятно это говорить, но выбор у вас небольшой: он умрет либо здесь, либо у нас в машине.

Родственники слушают внимательно, мать заходится в истерике, жена, поджав губы, подписывает отказ от медицинского вмешательства.

Возле подъезда к нам пристает компания пока еще функционирующих алконавтов, Костик вежливо отмахивается и дает команду водителю убраться подальше с этого квартала. Спустя два часа нам перезванивает диспетчер. Пациент перестал дышать.

— На констатацию поедете?

— Мариночка, пожалуйста, только не мы! Что я им скажу? «Я же говорил, что умрет — вот видите, умер»... Это ночь! — неожиданно злым голосом обрывает фразу Костик. — Жрать хочу, где там твой батончик из клопов?

Ничто так не выдает волнения, как деланое безразличие.

* * *

Рассветное солнце безжалостно к глазам спящих. Мы встречаем утро, сбившись в бесформенную сонную кучу на переднем сиденье скорой. Входящий звонок выбивает из мозга ровно столько сна, чтобы открыть глаза и начать что-то соображать. Ворвавшись в квартиру, запахом и заспанными лицами мы приводим в ужас хозяев — пожилую подвижную пару «из приличных». Отойдя от культурного шока, старушка предлагает нам кофе. Костик благодарит и отказывается, у него к утру поднялось давление. Во мне под пересменок кофеина уже столько, что еще одна чашка вряд ли спасет. Костик измеряет старику давление, дает мне указание сделать горячий укол и углубляется в написание карты, даже не попытавшись открыть глаза. Я набираю препарат в шприц, нахожу подходящую вену, ввожу иглу. Ресницы становятся тяжелыми, веки слипаются, квартирные шорохи замолкают.

— Девушка, вы может глаза откроете? — у дедули обеспокоенный голос.

Я с легким удивлением смотрю на свои руки. Пока я спала, они сделали укол и теперь заклеивают пластырем аккуратную точку прокола на предплечье больного. Ресницы задрожали и снова поползли вниз.

— Ей, отец, чтобы работать, просыпаться необязательно. Профессионал, — вступается за меня Костик.

Старушка возвращается с кухни с двумя чашками и полной тарелкой блинов и решительно ставит их перед нами. От запаха свежесваренного кофе Костик начисто забывает про свое давление и с благодарностью накидывается на угощение. Я присоединяюсь к столу. Оценив наш аппетит, бабуля бежит на кухню и возвращается с добавкой.

Я по привычке разглядываю интерьер. Фотографии детей и внуков в серванте, картина размером с домашний кинотеатр, на полотне какая-то битва из древнерусской истории, может, даже и Куликовская. Цветы на окнах, к аптеке пристроился кот, перс ухоженный и толстый. Валерьянку вынюхивает.

Повторно измерив давление, Костик цифрами удовлетворяется и оставляет пациента с указанием всем немедленно выключать свет и ложиться в постель.

— Деревенские, — нажимая кнопку лифта, делится своими соображениями фельдшер, — гость в доме — все на стол. Начал угощать — корми, пока холодильник не опустеет. Как же это здорово, когда тебе так... ну, просто... по-человечески...

Совсем расчувствовавшись, до машины он добирается, сохраняя молчание и ностальгическое выражение лица.

— Что-то я расклеился.

— Костик, тебе надо выспаться.

— Однажды у нас у всех появится повод выспаться, и нам это не понравится.

Костик пытается дозвониться до диспетчерской по всем номерам и везде получает отказ. Я не вижу повода для беспокойства, все-таки пересменка, однако фельдшер обижен до глубины души.

— Почему она не отвечает?

— Может, обиделась?

— За что? Я всю ночь был с ней ласков, добр и нежен!

Амир делает рацию погромче. В кабину врывается свежеразбуженный голос сменного диспетчера: «Доброе утро!»

— ...начинаем утреннюю зарядку! — не выдерживаю я.

— Ало, мама? Да, я на вызове... Ой, я тебя разбудил? Ну, тебе все равно скоро вставать, ой, прости, мы тут немножко по встречке едем... Да, дай ему таблетку метопролола и аспирин... Ох... какая подвеска! Амир, врубай сирену, мы едем домой!

Пропавшие ноги

Космос находится всего в часе езды,
если ваша машина способна ехать вверх.
Разговор в больничной палате

Под пересменок на парковке, как обычно, яблоку негде упасть. «Полна кормушка, вернулись на родину», — проворчал сторож, забираясь по металлическим ступенькам в свой стеклянно-жестяной колпак, поправил лыжную шапочку, запахнул штормовку и уставился в миниатюрный толстобокий телевизор. Я пробиралась вдоль ряда автомобилей, присматриваясь к бортовым номерам: 26, 27, 28... 33 — линейные машины, белые «газели» в красную полоску. Пара бамперов подбиты, на одной боковине вмятина. Гонять по встречной полосе бывает не только весело. Старший механик Комар прилаживает оторванную дверь к очередной покалеченной карете: «Я же ему сказал — народу с маршруток в скорую хода нет, они же конченые самоубийцы! Понаберут по объявлению...»

У Комара в рабочем комбезе карманов бесчисленное множество, и все забиты промасленными тряпками. Нос у Комара кривой, острый, подбитый в прошлогодней драке «скоряков» с таксистом. Комар тогда был не при делах, полез спасать от грозной шоферни паренька на «яндекс-такси», случайно зарулившего на парковку, и получил, как положено, больше всех. С тех пор таксисты парковку объезжали стороной, безлошадным фельдшерам, решившим побаловать себя поездкой после получки, приходилось садиться в соседнем дворе. Две желтые машины реанимации стоят в сторонке, это не линия. БИТы (бригада интенсивной терапии) выезжают в подмогу фельдшерам, когда те не справляются. В аварию реанимация попадает редко, водители желтых машинок — особая категория. Мне нужна машина с бортовым 56, старенький уазик на самом краю парковки. «Буханка» работает в области, каждую смену пополняется медикаментами на станции, забирает бригаду и на 12 часов выезжает на районную подстанцию, где смена ждет вызова с трассы или дальних колхозов.

Возле «буханки» обнаружился Костик. В кулаке он сжимал вейп, за ухом тлела сигарета, он по очереди ими затягивался, виртуозно выполняя все манипуляции одной рукой, а второй обнимал Веру. Вера пришла на смену Алсу после грандиозного разрыва, свидетелем которого была вся станция, но причину расставания никто так и не понял. Рост у Веры метр с кепкой, и примерно столько же у нее в обхвате, волосы до плеч, светлые, крашеные, лицо детское, курносое, голубые глаза навыкате. С Костиком они о чем-то хихикают, заметив меня, отворачиваются и продолжают дымить в другую сторону. Я забралась в машину и надела наушники.

Дверь старенького уазика со скрипом распахнулась и с ужасающим грохотом захлопнулась. На переднем сиденье появилась устрашающая шкафообразная тень, немного повозилась, осваиваясь в замкнутом пространстве, и окончательно материализовалась, став в два раза миролюбивее и компактнее.

— Однако здравствуйте! — зевая, приветствовал меня Костик.

— Опять ты. Вселенная определенно что-то хочет нам показать.

— Вселенная уже давно показывает нам средний палец, — жизнерадостно отозвался фельдшер.

— Куда едем?

— В область, на подстанцию. Еще не работала в колхозе?

— Мне что-то нужно об этом знать?

— Тут два варианта: или мы наконец выспимся, или попадем в ад. Ты поесть взяла? — Костик по-хозяйски залез ко мне в карман и вытащил два фитнес-батончика. Я с удовлетворением наблюдала, как разочарованно вытягивается наглая фельдшерская морда. — Опять этот клоповий суррогат? Ты нормальную еду с собой носишь?

— Я на диете.

— Понятно. Еще немного, и ты сможешь прятаться от своего парня за шваброй. Амир! Где эта наглая кавказская морда?

— Чего надо? — фигура водителя уступала Костику в габаритах, но материализовался он тем же неестественным способом.

— Ехать будем, нет?

— Вам надо — вы и езжайте, — поворчал для порядка Амир, однако со второй попытки все же завел мотор.

Новенькое полотно мягко стелется под полуквадратными колесами отечественного автомобиля. Водитель прибавляет громкость на магнитоле, *Hold me for a while* гармонично вливается в атмосферу сияющей дорожной разметки и туманного света фонарей. «Бригада 409, где вы?» — надрывается диспетчер. «В Караганде», — лениво отвечает ей Костик. Я засыпаю, завалившись на приборную панель, первый номер, продолжая безадресно материться, подсовывает мне под голову папку с документами.

На въезде в деревню мобильная станция начинает надрываться хриплой мелодией. «409 на связи. Ага. Где? Это где? Координаты? Налево со стороны чего? А где свидетель? ГАИ? Понятно».

— Разворачиваемся, ДТП. Почти доехали ведь... — Костик уже натягивает перчатки — Какой-то поворот возле нефтебазы. Ты там был?

— Ага, конечно. Будем искать.

— Смотри по сторонам, где-то в кювете должна быть.

Слева неуверенно вырисовываются силуэты заводских труб. Я старательно вглядываюсь в темноту, пока не замечаю легковушку, сиротливо припаркованную на обочине безо всяких опознавательных знаков. Мы подбегаем к машине, Костик светит фонариком в салон. Два разнополых вполне жизнеспособных тела, лицо того, что сверху, не выражает ничего миролюбивого.

— Доброй ночи, — приветливо улыбается Костик и задним ходом сдает обратно в машину.

* * *

— Интересно, почему на область нельзя выделить вертолет? В Москве вот есть санавиация. — Я выбираюсь из придорожных зарослей, демонстративно вытягивая на свет полусгнившую покрышку.

— Потому что в первое же дежурство наши цыгане сопрут у тебя пропеллер, перекрасят и тебе же продадут. И ты, сука, купишь, потому что он к твоему вертолету идеально подойдет! — Костик задумчиво пинает бог знает кем здесь забытый сапог.

Спустя полчаса мы оставляем попытки найти на трассе признаки жизни, Костик набирает диспетчера.

— Але, 409, отпустите нас, нет тут никого!

— Вы всего-то полчаса ищете!

— Сима, закрой карту! Нет на месте! Я уже всех шлюх на трассе распугал!

— Сочувствую шлюхам.

— А я знал! Знал, что между вами есть что-то общее!

— Возвращайтесь, 409.

Амир выжал магнитолу до предела, и кривоколесый уазик медленно вырулил на шоссе. Мимо промчался полуночный «харлей», затопив нервную систему присутствующих тоской по сердцам и моторам.

— Ксенон, — Костик вытянул губы трубочкой от удовольствия.

— Точно? — я добавила профессионального сомнения в голос.

— Да, пожалуй, что и нет, — Костик пристально вгляделся в горизонт.

— Ну, я же говорю! — чем меньше разбираешься в предмете, тем чаще оказываешься прав.

Заливая деревенские улицы светом дальнего освещения, мы выруливаем на территорию центральной районной больницы. Одноэтажный Г-образный сарайчик печально косит одиноким глазом светящегося окна на луну.

— Опять свет не выключили, ай-ай, — сокрушается экономный Амир, доставая из-под сиденья подушку и ватник.

— Ты прям здесь спать будешь?

— А где еще? — В городе водители обычно кемарят в кабине, положив персональную подушку на руль.

— Дуй в каптерку, чего как не родной!

— Да я это... — смущается Амир.

— Не оставляй меня с ней одного! — Костик картинно тычет в меня лапищей. — Мне страшно!

Мы заселяемся в служебное помещение полуразвалившейся больницы, собираем по пустынным палатам плохо лежащие одеяла и устраиваем водителю лежбище в каптерке.

— В первую очередь всегда заботься о водителе! — наставляет меня Костик и, хлопнув себя по лбу, направляется наружу.

— Наркотики забыл, — объясняет он Амиру, выгребая укладку из бардачка.

— Да, наркотики, эта, забери, а то мало ли что, — соглашается Амир.

— Ой, да ладно, кому они нужны, будешь? — Костик протягивает укладку водителю, Амир в ужасе шарахается.

Внезапно фельдшер со свистящим хрипом оседает на землю, в последний момент выравнивает курс и, ухватившись за дверцу, выползает на сиденье.

— Эй, подъем! — я трясу Костика за плечо, рукой нашаривая в салоне аптечку.

— Да все окей. — Костика перестает трясти, теперь он просто полулежит на сиденье, белым лицом контрастно выделяясь на фоне обшивки. — Дай мне м-мэ...

— От чего? — Я начинаю вспоминать содержимое укладки на букву «м».

— М-метопролол.

— Аритмия?

— Тахи... всегда после приступа, — Костик хрустит сразу двумя таблетками.

— Астма?

— Дура, кто же при астме метопролол пьет? Эпилепсия. Невролог сказал, после ЧМТ. Когда меня на вызове-то впятером били, ну, я тебе рассказывал... — неопределенно махнув рукой, фельдшер возвращается в помещение.

Тусклый свет лампы выхватывает из тени пыльный угол и двух пауков на тонком кружеве серебристого шелка.

— Надо же, а еще утром вот такой клочок был! Молодец, старается! — на губах фельдшера пляшет восхищенная улыбка.

— Милашка, — я провожу пальцем по узорчатой спинке, паук замирает то ли от испуга, то ли оценив ласку, палец продолжает скользить по напряженно натянутой паутине.

— Оставь, порвешь, — Костик отводит мою руку. — Я за ним давно наблюдаю. Плетет себе, плетет, ее сломают, опять плетет. Вот и бабу себе завел... А для кого-то — обычное насекомое.

— Пауки не насекомые, у них восемь лапок.

— Арахниды, я знаю, — нокаутировав меня внезапно глубокими познаниями в зоологии, фельдшер отвел взгляд от паучьей идиллии, выключил свет и уставился в окно. Небо в окне было не совсем ясным, слегка подернутым тучами, и звезды от этого мерцали еще загадочнее, чем обычно.

— Вы спать собираетесь или как? — Амир уже отбуксировал ватник и подушку в каптерку.

— Или как. — Костик заваливается в служебку, занимает менее продавленный диван и включает пятьсот лохматую серию аниме.

* * *

Вызов пришел через час. Покусанная луна успела обнаглеть настолько, что все предметы во дворе отбрасывали четкие тени. Костик курил по-снайперски в кулак, отпугивая дымом рыжих деревенских комаров. Амир оставил машину прогреваться и присоединился к курилке. Я смотрела наверх. Небо стало совсем ясным, яркие созвездия высоко поднялись над горизонтом. Звезды не указывают дороги, они планомерно и целенаправленно чего-то ждут. Звезды предпочитают одиночек. Я знала многих хороших отзывчивых людей, которые под звездами почему-то оказывались лишними. Эти двое лишними не были.

— ДТП, все там же, нефтебаза, поворот налево.

— Свидетель?

— Свидетель смылся. Будем искать машину.

— Судя по цепочке совпадений, искать надо женщину в белом.

Мы выезжаем на Николаевское шоссе, начинаем торжественный объезд нефтебазы. Удача улыбается нам с первого раза: на развилке стоит «газель» с включенными аварийными сигналами. Водитель запускает сирену, мы с Костиком на ходу вываливаемся из машины и бежим к окружившей автомобиль толпе из трех человек.

— Пострадавшие есть?

— Мужики, все нормально, — тот, что ближе, для убедительности поднимает руки, — мы колесо меняем!

— Ага... — Костик что-то со скрипом соображает, — а на аварийках больше машин не видели?

— Да вроде... А может... Дальше по трассе посмотрите.

* * *

— Все, с меня хватит! — Костик набирает диспетчера. — Серафима, мне нужен телефон свидетеля, который постоянно куда-то... Ага... Маш, подержи фонарик. Так. Здравствуйте, это скорая, подробнее расскажите, что вы видели? Нет, вам ничего не будет! Поворот налево... Со стороны Михайловки? То есть все-таки направо. А нефтебаза? Девушка, стыдно не знать право и лево, вы же водитель! Ноги? Откуда? А, из окна... Сколько штук? Ага. Все, спасибо за сотрудничество. Так, Амирыч, ищем «газельку» на аварийках с кровавыми ногами из окна. Возле нефтебазы, поворот налево.

— Так мы же ее проехали!

— Там ног было шестеро и в комплекте с людьми, а нам надо отдельно. Амир, тормозни, кто это там?

Свет фонаря выхватывает из тени знакомую легковушку без аварийных сигналов. Адепты любовных приключений на ночной дороге уже перебрались на передние сиденья и мирно перекусывают чаем с бутербродами.

— И снова здравствуйте, — лицо Костика светится миролюбием и доброжелательностью, — вы тут ноги оторванные случайно не видели?

Недоумение на лице водителя сменяется вселенским пониманием и великодушием, он слегка наклоняется и ненавязчиво демонстрирует новенький блестящий разводной ключ.

— Я вас понял, не смею задерживать, — раскланивается Костик, — до новых волнующих встреч!

— Ну чего? — Амир курит, выпуская дым в открытую форточку, уазик в пепельном занавесе, подсвеченном лунным светом и проблесковыми маячками, кажется только выползшим из преисподней.

— Ничего. Проводим следственный эксперимент. Дуй до Николаевки, разворачивайся, и будем выстраивать картину происходящего глазами свидетеля, — распоряжается Костик.

Не успеваем мы проехать и пары километров, как на встречной полосе, сияя мигалками, появляется патрульная машина ГАИ.

— Тормози ее! — Костик от азарта не может усидеть на месте. Амир круто разворачивается, перекрывая тушей уазика встречную полосу.

— Мужики! — Костик несется к машине. — Вы тут ноги не видели?

К чести нервной системы гайцов, вопрос не вызывает у них ни капли удивления.

— Доктор, не поверишь — мы за теми же ногами! Эта дура, будь она не ладна, все экстренные службы на уши подняла!

— Пристраивайтесь в хвост, — распоряжается Костик, — сейчас перекурим и поедем вместе искать.

— Нет, это однозначно тот поворот, другого быть не может! — я вдохновенно тыкаю ручкой в рисованную от руки карту на планшете.

— Маш, ну были мы там, мужики колесо меняют, и ног лишних нет никаких!

— Закопали уже!

— А чего не смылись тогда?

— Так колесо меняют!

— Рабочая версия, — соглашается гаишник, — по машинам!

Включив все служебные маячки, мы веселым кортежем несемся по ночной трассе. На прежнем повороте помимо знакомой «газели» нас уже ожидает вторая машина ДПС.

— А вот и ноги! — Амир указывает на половину тела, торчащую из-под днища автомобиля. Шофер уже поменял колесо и увлекся какими-то другими ремонтными работами.

— Помощь нужна? — Костик стрелой вылетел из машины и заторопился спасать.

— Да вот, — патрульный неопределенно кивает на ритмично подергивающееся тело.

— Что, придавило?

— Успокойся, доктор, все путем! Домкрата не найдется?

— Домкрата нет, — разводит руками Костик.

— А прикурить?

— Есть.

Вместе с патрульными бригадами фельдшер удаляется на перекур. Силой объединенного интеллекта мужчины восстанавливают хронологию событий в подробностях.

— Доставай карту, пиши, — Костик диктует по свежей памяти, — какая-то дура... нет, «какая-то» зачеркни, пиши «свидетельница»... направлялась на собственном автомобиле со стороны Николаевки. Бригада бурильщиков возвращалась с вахты на служебной «газели» и после тяжелой рабочей смены заснула, остановившись на обочине. Ноги одного из бурильщиков при этом выглядывали из окна и были измазаны в красной глине... Написала? Бурильщики были опрошены в присутствии двух патрульных машин ДПС, поднятых по той же тревоге.

— А это все обязательно писать?

— Нет, но у Серафимы закончились детективы, надо же ей что-то читать на работе! Да, кстати, выяснил у парней, что там с первым ДТП: ехал себе мужик, задремал немного, потихоньку съехал в кювет, они его вытянули, мужик дальше поехал. А баба какая-то шухер навела. С этими женщинами...

— Фройлен за штурвалом — плохая примета.

— Баба с незаштопанным ртом плохая примета!

— А ты рот не открывай!

— А ты его не затыкай!

— Девочки, не ссорьтесь! — Амир со всей дури вдавил кнопку сирены и в салоне моментально стало тихо.

— Поехали, что ли...

* * *

— Ну и куда нам дальше? Серафима! Я понял, что Орлиное, село или водохранилище? Амир, хватит круги вокруг поста ГАИ наматывать, ехай уже куда-нибудь!

Амир не просто катался кругами вокруг поста, он делал это какими-то яростными наскоками на метафизическую суть мироздания. Диспетчера на станции хватил топографический кретинизм, и как результат — бригада уже час моталась по трассе, заблудившись в трех селах.

— Мы окончательно потерялись, — наконец признал Костик, — самое время ориентироваться по звездам.

— А еще можно поискать мох или муравейники, — продолжила я. — Ты вот знаешь, как по дереву определить «север-юг»?

— Дождаться, пока взойдет солнце, и выяснить, где восток.

— Зачем ждать, сейчас два часа ночи, луна на юге склоняется к западу.

Сообразив, что кто-то собирается по ней ориентироваться, луна тут же назло закопалась в облака.

— Вы это серьезно? — Амир смотрел на нас как на больных. — Вот же указатель!

Из дачного массива мы выбираемся не скоро, уазик под завязку загружен яблоками и прочим подоспевшим урожаем.

— Доктор, — Амир застенчиво обнимает руль, — ругаться будешь, да? Я дорогу обратно забыл...

Мы тормозим на развилке перед дорожным указателем, отмеряющим расстояние до ближайших крупных городов.

— Ну и куда нам, на Москву или Волгоград? — напряженно соображает шофер.

— Давайте сразу в Хабаровск! — не выдерживаю я.

— Я домой хочу... — жалобно произносит Костик.

В районной больнице за время нашего отсутствия ничего не изменилось. Пауки сидели в своем углу, комары отбыли на пересменку, их коллеги где-то задерживались, а звезды и вовсе светили без перерывов и выходных. Служебка за прошедшую половину ночи успела промерзнуть, на что моему сонному мозгу было наплевать с высокого моста. Водитель в соседней комнате уже распевался тоненьким храпом, готовясь глубокой ночью дать настоящий концерт. Костик все где-то носился, заполняя карты, пересчитывая ампулы с лекарствами, пауков, звезды и оставшиеся часы до пересменки. Вернулся он почти незаметно, только грохнула снесенная с петель дверь и диван в панике заскрипел. Какое-то время из-под подушки пищала пятьсот лохматая серия аниме, и стало тихо.

* * *

— Доброе утро! Давай поднимайся, одеяло на родину! Что ты все перед зеркалом крутишься? Тут не перед кем прихорашиваться, пойдем на улицу, от погоды офигеем!

За ночь село промерзло окончательно, а пейзаж заволокло таким туманом, что в нем потерялись не только ежики с лошадями, но и весь ландшафт в радиусе далее трех метров. Багровое солнце едва поднялось над горизонтом и все никак не могло собраться с мыслями.

— Бог в помощь, медицина, — из тумана выплыли две фигуры в дубленках и по-хозяйски заняли лавочку, — много народу спасли?

— Да если бы... — Костик пристроился на той же лавочке и задумчиво затянулся. Где-то недалеко надрывались петухи, туман таял тем быстрее, чем выше поднималось солнце, а эти трое так органично занимали отведенный им кусок пространства, что я зависла на них, как на гипнотизирующей подвижной картинке. Истинное мастерство — это способность вмещать все уровни и измерения жизни.

— Ну да, а шофер-то ваш, Леха, все летает? Не разучился еще?

— Да какое там. Разучиться можно технике, а полеты — это состояние души. Поехали, что ли. Попробуем сегодня выспаться!

Во имя жизни

Не делай исключения из правил.
Делай правила из исключений.
Диалоги скорой помощи

На маленькой кухне подстанции вместо чайника термопот. Недавно появился. Надоело чайники менять. Клочок бумаги, прихваченной скотчем, «убедительно просит» доливать воду, чтобы «кипяток был всегда». Незначительный штрих, подчеркивающий темп жизни подстанции. Я честно пытаюсь заснуть на жестком диванчике, не думая о том, что в любой момент тебя разбудит селектор и ты встанешь и пойдешь досыпать в машине по дороге не вызов. Здесь очень быстро учишься жить настоящим, не унижая себя прошлым и не беспокоясь о будущем. Иначе придется думать, что уже через 3 минуты надо тащить тяжелые сумки на пятый этаж без лифта, а через 7 — распутывать провода полудохлого кардиографа. Еще через 40 ты попытаешься поесть, но, взвесив аргументы, завалишься спать до 3 ночи, пока не наступит время подутренних кризов и детских лихорадок. А затем ты просто едешь в прогретой развалюхе-«газели» и щуришься навстречу ржавому свету фонарей, размытому каплями ночного дождя.

Роман появился на станции шумно, принеся с улицы клочок грозовой тучи. Высокий, нескладный, угрюмый, он стоял у окна диспетчерской, вытирая темные жесткие волосы, вокруг его ботинок образовалась мутная лужа. Капли непогоды стекали по разросшейся бороде Романа, на затертых джинсах красовалось грязное пятно. На лбу зрел свежий кровоподтек.

Лицо Роману разукрасили час назад в моем присутствии. Вахтерша остановила меня возле турникета.

— Пропуск! — и уставилась на меня толстыми стеклами в оправе.

— У вас или у меня? — я сделала глупое лицо. Лезть на дно сумки за пропуском не хотелось.

— А где он у тебя? — глаза за стеклами стали задумчивыми и не такими огромными.

— Не помню.

— Ну, как вспомнишь, покажешь. — Лицо над турникетом сморщилось и уползло обратно в окно.

Рома сидел на скамейке возле двери и вел напряженный разговор с завхозом Полушкиным. Оба высокие, поджарые, мои ровесники, они наклонились друг к другу, едва не сталкиваясь лбами, и что-то выясняли вполголоса. Разговор явно выходил напряженным. Увидев меня, оба замолчали.

— Кого ждешь? — я приветственно взмахнула рукой.

— Ты знаешь, — процедил Рома.

Про роман фельдшера с моей соседкой мне было известно. Насчет чувств завхоза Полушкина к ней я тоже догадывалась.

— А Саша на работе, — не подумав, сказала я.

Имя Александры возымело над парнями магическое действие. Оба вскочили, сцепились, а затем покатились по полу в сторону двери. Не вовремя вышедшая из душа на цокольном этаже девчонка завизжала короткими очередями. На шум из окошка показалось грушеобразное лицо вахтерши, она попыталась сперва высунуться из окна, затем пробраться через турникет, в обеих попытках впопыхах потерпела неудачу и принялась кому-то названивать. Пока меня не привлекли в качестве свидетеля, а то и случайного соучастника, я поспешила к выходу.

— Нас еще не вызвали?

— Уже.

* * *

В пути я выбрала момент, чтобы спросить Романа об итоге конфликта.

— Что-что, Саньку на студсовет, мне пожизненный недопуск в общагу. Зассал пацан, говорю же.

Я промолчала. Насколько мне было известно, к Полушкину Сашка особых чувств не испытывала, один хороший разговор по душам, и конфликт был бы исчерпан. Скверный характер Романа все испортил.

60 лет, анамнез без особенностей. Кожные покровы бледные, дыхание частое поверхностное, положение вынужденное, сидя, с упором на руки. Я перехватываю волосы резинкой, выдыхаю через нос. В животе становится пусто. Давление в норме, но предчувствие не отпускает. Роман слушает легкие и передает мне стетоскоп. Влажные хрипы по всем полям.

— Слышишь?

— Слышу.

— Это они?

— Да. Влажные.

Отек легких нарастает. С этого момента мы оба — в режиме ЧС. На все вопросы должен быть ответ, на каждую команду — подтверждение. Все становится полуважным, отстраненным, но внимательно отслеживается. Анализ, скорость, алгоритм. И страдания пациентки, и ее престарелый супруг, сбивающийся между благодарностями, просьбами и рассказом о том, как прошлая скорая их ограбила. Все отчуждаемо, второстепенно. Раз.

Два — подстроиться в режим первого номера. С Романом это нелегко, он привык работать один, доверять одному себе.

Слушать, корректировать, помогать.

— ЭКГ.

— Сделано.

— Что видишь?

— Блокада левой ножки. Ведем как с подъемом?

— Да.

— Доступ?

— В процессе. У меня проблемы.

— Я сам.

Вырывает у меня иглу, пристраивается к вене, зажимает конец трубки с каплей густой темной крови на конце.

— Система хоть готова?

— Не психуй. Десять изокета в системе.

— Медленно. Еще. Два. Два фуросемида.

— Два или четыре?

— Две по два. Четыре.

— «Фурик» в вене.

— Что в шприце?

— «Морфуша».

— Принято. Сатурация?

— 80.

— В машину за кислородом. Таблетку аспирина под язык.

Дед продолжает сбивать табуретки на траектории своих блужданий, собирать вещи в больницу и нести самоуспокаивающий бред, состоящий из «малыш, не умирай... малыш, рано пока, полно пугать меня, сначала я, потом ты, договаривались же, все будет хорошо, малыш, я сам-то стоматолог...»

От морфина бабку повело и затошнило. Капельница, носилки, кардиология.

— Сиди рядом, наблюдай состояние.

Легко сказать наблюдай, она с наркотика улетает, никак не понять, то ли ей слишком плохо, то ли слишком хорошо. Доезд. Осталось пригнать каталку. Довезли, живой довезли. Застывшее ледяной глыбой внутри распускается греющим душу цветком. Так всегда, адреналин, страх, счастье. Вот почему я люблю коматозы. А если бы не довезли? Ледяная глыба переродилась бы в сосущую пустоту. Редкие дождевые капли, влажный западный ветер. Я и не знаю, чего боюсь больше — что буду разлагаться от старости на больничной кровати или что кто-то такой же древний и безнадежный будет ломать себе пальцы о неизбежность смерти чего-то важного и хрупкого. «Мы так не договаривались, малыш».

* * *

— Рома, поехали, перевозка!

К ночи машина промерзла до заледеневших стекол. Шофер где-то пропадал, а без него печка включаться не желала.

— Ну что, я за руль?

— Да, давай до первого столба, как обычно.

Водитель вернулся. Огромный и громкий Валера имен докторов никогда не запоминает, а вежливый тон считает недостаточно брутальным для своей персоны. Меня он называет «ребеночком», а Романа «Этот».

— Этот, захожу я к сторожу в будку, а там баба! Голая!

Рома безразлично пожимает плечами, сторож тоже человек, и пытается дозвониться до Саши. «Абонент — не абонент».

По щедро смоченному дождем шоссе катаются поливальные машины, доводя идею полива до абсурда.

— Ты в такой кожаной курточке не боишься по вызовам кататься? — интересуется Роман.

— А что, отобрать могут?

— А вдруг заблюют?

— Отмоюсь.

— А вичевый какой?

— ВИЧ передается через иглы.

— А туберкулезный?

— Постираю. С мылом.

— Тебя хоть от чего-нибудь тошнит?

— Не знаю.

Я и правда не знаю.

Рома сегодня трезвый, на работе ни-ни, а тонкий запах перегара остался со вчерашнего. Вчера он приходил на станцию, по пьяни всегда приходит, ко всем пристает, кому в глаз даст, а кто ему. Потом спать завалится в чем из дома вышел, утром его заведующий будит, грозит увольнением. Не уволит, у Ромы рука легкая, не умирают у него. Костик Рому не любит, не переносит алкашей, пьянка для него — смертный грех. Вчера сорвался с районной подстанции, примчался, выкинул его, заведующему звонил. Нет, наверное, не уволит.

Голоса водителя и первого номера сливаются в один поток, дорожные фонари расплываются дождливыми пятнами. Не спать, не спать. Упаковка кофеина в руке шуршит привычно и успокаивающе.

— Тебе отсыпать?

— Нет, спасибо. И ты слезай с этой дряни, сердце посадишь. Дай-ка я тебе давление померяю, не нравится мне этот аппарат.

— Я гипотоник.

— Знаешь, сколько у тебя давление, гипотоник? 180 на 90.

— Чего?

— Ничего. Нечего кофеин долбить.

— Да у нас тонометр сломан! Поедем менять?

— Зачем?

Действительно. Интуиция. Опыт и безысходность.

Температура, болит горло. Один год.

— Ты дура?

— Допустим. Дальше что?

— Куда к ребенку в верхней одежде?

— Прости, забыла.

— Да мне плевать, будешь объяснительную писать, будут баллы снимать. А если жалоба не по делу — не будут... На меня недавно писали «пришли на вызов заспанные». В три часа ночи, ага.

Трудно с Романом, особенно мне. Трагический персонаж. По краю ходит.

* * *

Обед. На подстанции три бригады. Костик и Алсу пьют чай с пряниками и смеются над чем-то очень грустным и несмешным. «А он пишет "походка не шаткая, уверенная", а я говорю, ты ку-ку? А он — че такое? А я — у него ноги нет». Вера сидит в углу, ни на кого не смотрит. Окно открыто, за окном — улица, по улице снуют заблудшие полуночные души на авто без глушителей. А через дорогу — вторая городская, там сегодня дежурят хирурги и неврологи. Горят окна в операционной на последнем этаже. Хирурги перекидываются малозначимым «держи аппендикс, с картошкой пожаришь» и «пилите, Шура, она золотая», а между операциями вываливаются на крыльцо, стреляют у «скоряков» сигареты и курят долго и матерно.

— Они опять вместе? — Роман внезапно заинтересован, спрашивает почему-то меня.

Костик смотрит свирепым глазом, я занимаю место поближе к выходу, убраться бы подальше, когда эти двое сцепятся.

— Спокойной ночи, — Алсу решительно отодвинула кружку.

— Сейчас вызовут, — предупреждает Роман.

— Девятая!

Сердитая Алсу направляется к выходу.

— Удачной охоты!

— Наш вызов через пять минут.

Я верю. Рома видит будущее. Интуит.

— Ушла бы с этой мясорубки, зачем тебе здесь?

— А тебе?

— Да не знаю я! Привык. Дорогу люблю. И домой... Придешь, а там плесень разумная в холодильнике... Уж лучше на линии, хоть человек живой рядом.

— А как же Саша?

— Не твое дело! — обрывает Роман.

На кухне грозовым фронтом появляется Саша. Смотрю на часы. Смена в детской поликлинике только закончилась. Когда успела доехать, как попала на станцию, откуда узнала, когда Рома вернется с вызова, я даже не пытаюсь себе представить. Саша, когда захочет, из-под земли достанет, душу вытряхнет и обратно закопает. Высокая, не худая, не полная, размер к размеру. Ходит будто летает, встанет — словно корни пустила. Все у нее красиво и правильно получается, и у всех должно быть так. Взметнула полами пальто, волосы по плечам разлетелись, глаза из-под широких бровей на парня выкатила. Сейчас пощечину влепит. Сдержалась.

— Ты трубку не брала. — Рома съежился до плоскости аппликации, в пол смотрит.

— Коменда вызвала. Чуть не выселили, из-за тебя!

— Полушкин гнида. — Хочет и боится поднять глаза.

— Полушкин меня отмазал! — Сашка возмущенно вскинула брови, вот-вот улетят с лица куда подальше. — Я теперь отрабатывать должна. Ис-справительные работы, о-общес-ственный труд, — на змеиный шепот перешла, — потому что два идиота при вахтерше подрались. Я тебя защищала! «У него черепно-мозговая!» Да ты просто ненормальный!

Я тоже не могу понять, при чем тут девушка одного из драчунов, но законы общежития запутанны и от логики далеки.

— Я за тебя отработаю, — говорит Роман.

— Конечно отработаешь! И не за меня! Не мне завхоз лобешник пробил! Будешь до конца недели листья по мешкам собирать! Мебель на девятый этаж таскать! Без лифта! Ш-штукатурить!

Живое воображение нарисовало мне, как незадачливый фельдшер ш-штукатурит, и мне стало смешно и неуютно одновременно. Я вышла.

* * *

Когда я проснулась, свободных лежачих мест в фельдшерской не осталось, неужто вызова кончились? Все бригады на станции. Спускаюсь на первый этаж, Рома с Санькой там. Пока помирились, диваны закончились. Сидят в обнимку на одном стуле, Сашка дремлет, Рома бдит.

— Счастье охраняешь? — Не люблю драму, а на станции без нее никуда, тесный коллектив. — Вызывай даме такси, поехали труп лечить.

* * *

Труп — определяю по запаху — не менее чем трехдневной давности. Клубок тошноты подкатывает к горлу и там же и остается. Фельдшер ползает над телом, изучая зрачки и трупные пятна при свете фонарика. Если он и испытывает дискомфорт от столь тесного контакта с потусторонним жителем, то узнать об этом сложно будет даже на полиграфе.

— А информированное согласие кому подписывать? — я не выдерживаю и заливаюсь нервным смехом. Если бы взгляд фельдшера имел материальную силу в тот момент, я бы следом за покойником уже отправилась к праотцам.

— Никогда! Слышишь! Никогда не смейся на констатации! Район — криминальный, люди — разные, хочешь нож под ребро — продолжай в том же духе.

Он еще много о чем говорит. Об ответственности, о жизни и смерти, о том, что с мозгами и без рук надо работать в поликлинике, а лучше — в морге.

— Злая ты, — заканчивает свой монолог. — Язва. Тебе не понять.

Достаю из кармана кофеин, в упаковке последняя таблетка. На станции еще есть. Машина берет штурмом лужи, оставляя после них длинные мокрые следы от шин. Желтые листья самоубийственно бросаются под колеса. Они знают, что свобода — когда комфорт перестает зависеть от контекста. Одиночество — не дефект, а новое агрегатное состояние.

* * *

Есть разница между «ничего не делать» и «создавать пустоту». Пассивное существование массы слегка искривляет пространство-время, не более. Создание пустоты уничтожает само понятие причинности и всякий шанс на зарождение жизни. Азиатское око патологически расширенного зрачка втянуло в себя остатки радужки и здравого смысла. Хаос вцепился в схватке с логосом и неумолимо побеждал.

— Что он принимал?

— Антигистамины. Передозировка. Промываем желудок.

Узкий пучок света пробивает черноту насквозь и не достает до дна. Пустота равнодушно поглощает его, зрачок не реагирует на свет. Пустоту не слепит солнце.

— Ты зачем таблетки жрал?

— Уснуть... хотел.

В тазу буроватая жижа и ошметки яблочной кожуры.

— Что кушал? Яблочки? — фельдшер внимательно, без намека на брезгливость изучает содержимое желудка.

— Яблок что-то захотелось, — я тоже наклоняюсь над емкостью.

— Тебе выловить?

Рвотный рефлекс. Это хорошо, это полезно. Крови нет. Это тоже хорошо.

Дежурное отделение токсикологии. Сюда свозят отравления и запойных, если пил суррогаты. Закладывают с добровольного согласия, но без права выхода до конца лечения.

Решетки на окнах. Медсестра в заблеванном халате. Чуть насмешливый взгляд дежурного врача. Они привыкли к фарсу в каждом диалоге.

— Что пил?

— Таблетки.

— Суицид?

— Белочка.

Интерес в усталых глазах едва вспыхнул и тут же погас.

— Лежать будешь?

— Мне бы полечиться.

— У нас не лечатся, у нас лежат.

— Я не алкоголик.

— Разумеется. Смотри, подпишешь согласие — до выписки не отпустим.

— Я здоров.

— Мы тут все здоровы.

— Доктор, я не умру?

— Мы тут все умрем.

Звонок, сквозняк, хлопнувшая дверь. Шуршание затертой обуви по плитке.

— Наркоманов заказывали?

— В очередь!

— Да сколько можно к нам возить?!

— Не мы выбираем пациентов — пациенты выбирают нас!

— Что употребляли?

— Лосьон!

— Литр, два?

— Что вы, как можно! Рюмка. По ошибке.

— А до?

— Коньяк.

— Врешь. Что курил?

— Обижаете, доктор!

— До туалета можно поинтересоваться?

— По коридору направо. В другую сторону! Минус один. Так что с лосьоном?

Уходят часто. С порога, из машины. Решимости завязать хватает ненадолго. Фельдшер торопливо затягивается на крыльце. Скользящие отблески фар отражаются от полос на куртке.

— Куда он ломанулся?

— В кусты.

— Ушел, что ли? И зачем везли?

— Нас не касается. Нам не лечить, нам довезти и сдать.

— А смысл?

— Я же говорю. Смысл — доехать. Гонки без правил. «Форсфарш».

Освещение салона едва выкраивает очертания строк в карте вызова.

— Реакция зрачков... а черт, не помню. Какое там освещение... Дай проверю, посмотри на меня.

От яркого света пустота сворачивается, в одно мгновение обретая цвет, форму и смысл. Зеленые.

* * *

Глаза цвета увядших фиалок, серебристая сетка морщин.

— Ноги...

В двух полиэтиленовых пакетах. Ножницы, антисептик, перекись, перевязка. Варикозная болезнь, язва, кровотечение.

— Ой, у меня грязно...

На полу кровь, на стенах кровь. Пара засохших фиалок на подоконнике.

— Актив в поликлинику составили, ждите хирурга завтра.

— Он ведь не придет... Он в отпуске.

Хирург не придет.

— Вот почему вы у нас на участке не работаете? Такой доктор обходительный...

— Я фельдшер, а не доктор. Я по участкам не работаю. Я — линия.

* * *

Прямая линия на клетчатом обрывке розовой бумаги. Стандартная проверка сердечной активности, только кардиограмма — моя. Аппарат опять сломался.

— Але, нам возвращение. Аппарат заменить.

— Бригада, возьмите ребенка. Экстренный.

* * *

«Ула, влачи плиехали! Какая мафина классная!»

Роман детей не любит. На линии никто не любит детей. Для этого есть педиатры.

— Какой он у вас общительный.

— ДЦП, СДВГ...

— Аутизм?

— Вроде не ставили. А, недоношенный еще. Упал со стола, потерял сознание.

— Мы с мигалками поедем?

— Нет.

Лампы в салоне самого беспощадного спектра. Чтобы не спать.

— А где же мигалки?

— Сломались.

— Надо быстлее ехать, мы же в больницу! Давайте я сам... У-и-у...

Детское-выгрузить-сдать. Желтая машина неотложки, знакомый номер, ЕвгенВалерич, реаниматолог из БИТов, курит у забора.

— Родили, что ль, кого?

— Новорожденный. Перелом.

— Дай прикурить, Валерич.

— Последняя.

— Тогда до ларька. Черт, опять срочный.

* * *

Стома, бинты, гнойное отделяемое. Запах... Нас ведь не учили ставить диагнозы по запаху. Холецистит... Нет, холангит. Желтизна кожи, выступающие ребра, синие контуры вен. Хорошие вены, катетер проходит легко. «Надо операцию делать, но хирург в отпуске, талонов нет, квоты нет...» Нет, Фридрих, по ту сторону ни жестокости, ни власти, один голый профессионализм.

Брызги из-под колес расползаются по стеклу. Идет грязный снег. Тепло от печки поднимается к голове, ноги мерзнут.

— Рома, мы ведь, в сущности, крайне одинокие существа во Вселенной.

— Подумаешь, открытие сделала.

— Это не открытие. Так, прорыв абсцесса.

— Не понимаю. — Затягивается прямо в машине, игнорируя мой возмущенный кашель. — Почему им все, а у нас — ничего? Травмы, хронические, наследственные, приобретенные, почему болеют все, кроме нас? Я, может, потому еще и не умер, что угораю над всеми тут потихоньку, а может, смерть телегу нашу все никак не догонит?

Валера всю смену ругался и бил кулаком по рулю, так что чуть не сработала подушка безопасности, едва не подрался с Романом из-за какой-то ерунды, а к ночи притих, только хлещет кофе из термоса.

Конденсат дыхания оседает на стекле. Пятна от фонарей становятся размытыми. Что-то стонет с натугой и противно в машинных внутренностях — то ли подвеска, то ли коробка, столетняя «газель» работает на честном матерном слове. Кофеин проваливается на дно пищевода и растекается по венам. Зрачковый хаос снова выплескивается до краев радужки. Фонендоскоп змеей оплетает шею.

* * *

Обед, возвращение, подстанция. Диспетчер дремлет за пультом, вполуха слушая про очередное приключение фельдшеров.

Диспетчера по вызовам не катаются, у них работа — слушать и переспрашивать. Байка веселая, что-то про таракана в ухе.

На кухне Костик высыпает в кружку сразу два пакетика растворимого кофе. Прошлые сутки он работал по дачным массивам, а в день ему поспать не дали — вызвали в центр разбирать какие-то ошибки в отчетности, выделенные контролем.

* * *

Бледное, в голубизну, полуобморочное тело на кровати. В анамнезе два инсульта. Почти не разговаривал. Но все слышит, даже сейчас. Вегетативное состояние. Толпа родственников на пороге, ждут, когда скорая сделает что-то. Кардиограф сходит с ума, регистрируя, как сердце лихо отплясывает под святого Витта. Фибрилляция желудочков. Остановка сердца не за горами. Роман разворачивается ко мне, смотрит близко широкими от адреналина зрачками.

— Ты понимаешь, что это ургентное состояние?

— Я за дефом.

Тоже мне, реаниматор. Слово-то какое придумал, «ургентное». Надо быстрее добежать до машины, привычный холод в животе дополняется уверенностью. У Романа не умирают. Хватаю сумку, хлопаю дверью, Валера поднимает всклоченную голову с руля, хочет высказаться, видит дефибриллятор и замолкает. Не время. Роман загнал родственников в угол, берет информированное согласие.

— У вашего дедушки жизнеугрожающая аритмия, требуется дефибрилляция, проще говоря, электрошок. Сердце остановится, перезагрузится, будет работать нормально. Может не запуститься, 50 на 50, но это единственный способ его спасти, вы согласны? — Родственники утвердительно кивают. — Тогда все вон отсюда! Принесла? Где доступ?

На нулевом давлении попасть в вену сложно, возможно, если знаешь, что все не напрасно, что все закончится хорошо, потому что у Романа дар реанимировать, редкий, невыносимый, этот дар однажды его добьет. Не сейчас.

— Доступ есть. Реланиум в вену.

Протягивает мне вскрытую ампулу, препарат строгой отчетности.

— Осторожно. Почему руки дрожат? Отдай, я сам. — Смотрит сквозь меня, я для него не существую. Почти.

— Фентанил?

— Он его убьет.

— Нужна седация, он в сознании.

— Давай анальгин.

— Разрядить 150 Дж на одном анальгине?

— В вену, живо! Так. Хорошо. Гель на электроды. По готовности. Отойди. Провода не трогай, тело не трогай. После разряда сразу — кардиограмму, все отведения, да?

— Принято.

Вместе с кардиографом отлетаю в угол, оттуда мне видна только напряженная спина фельдшера, электроды у деда на груди, руки на электродах.

— Так. Раз. Два. Прости, отец. Разряд!

Ни выстрела, ни щелчка. Все мышцы на теле сократились и расслабились, вот и весь спецэффект. Дефибриллятор пожевал и выплюнул узкую полоску бумаги. Рома жадно впился в клетчатый лист.

— Синусовый! Кардиограмму быстро.

Бегу к койке с кардиографом, по всем отведениям норма. Давление 40 на 0. На груди поверхностные ожоги. Роман вызывает БИТов на перевозку, но родственники от госпитализации отказываются, дома и стены лечат. «В общем, мы его усыпили, потом остановили сердце, потом сердце завелось, а он пока еще нет. Минут через 40 проснется». И поспешно выходит за дверь.

Затягивается прямо на лестничной площадке. Голова идет кругом, кофе, адреналин, дым табачный, слишком много кофеина, ловлю свой пульс, частит. Таблетку метопролола под язык. Горько.

— Может, он ничего не почувствовал?

— Мы завели мотор и трахнули его организм.

Он умрет. Через день или два, через месяц. При Романе никто не умирает, а без него — сколько угодно. Но моему мозгу все равно. Эйфория от спасенной жизни захлестывает тело. Мозг, зачем ты это делаешь? Я больше не смогу без этого.

* * *

Он учился и развлекался, как все. Вместе со всеми получил диплом. Начинал работать, как все. Ничего не умел, быстро и жадно учился. И лишь спустя годы обнаружил в себе способность всегда и во всем противостоять смерти. И понял, что делать это можно, только когда ты один.

С Сашкой они познакомились на работе. Неотложка от поликлиники выехала к трехлетке на жалобы простудного характера, а обнаружила высокую лихорадку, ригидность затылочных мышц, шоковое состояние. Вызвали скорую. Приехавший Роман диагностировал вирусный менингит, выгнал всех, включая Сашку, на улицу, качал один, дышал инфицированному ребенку в рот, пока живого мальчишку не забрали педиатры. У «скоряков» такое геройство вызвало скептическую реакцию, а Сашка впечатлилась. Подвиг безжалостно вытеснялся бытом, и тогда мозг сделал его рутинным. Чтобы не перегреться.

* * *

Валера проснулся, рассказывает пошлый анекдот. Роман смеется одними зубами, глаза сохраняют усталое выражение. Зрачок прячется от яркого света и по-птичьи беззаботно смотрит на мир.

Снег тяжелыми хлопьями валится на дорогу и тут же собирается в лужи. Машина с боем прорывается все глубже в безглазую ночь. Снится бригада, подстанция и как на дозаправке всем выездным выдают по паре крыльев — оптимизация. Крыльев, как всегда, не хватает, фельдшера толпятся, давятся очередью, всем надо по крылу, а кому-то и про запас. На мне комплекты, конечно же, заканчиваются, сестра-хозяйка размышляет с минуту и достает с антресолей запыленный чехол с парой ископаемых крыльев. Два ажурных скелета первобытного археоптерикса и, разумеется, ни одного пера. Пальцы скользят по гладкой поверхности костей, и я понимаю, что никому их не отдам.

+5. Ярко освещенный салон. Капельница, вода по трубке. Ломкие вены, пульс 90, дыхание превращается в пар и растворяется в воздухе. Палец скользит по запотевшему стеклу *carpe die...* машина закладывает вираж, держусь за носилки, пульс 110, дексаметазон по вене *carpe diem, memento...* стекло закончилось.

* * *

Через ночь Роман пришел на станцию вне смены, как обычно, пьяный. Стоял с банкой пива посреди фельдшерской и допытывался, умею ли я стрелять из внутрикостного пистолета.

— Пойдем, на тебе покажу, — не выдержала я. Дневная смена выдалась нервной.

— Маруся, я же не просто так спрашиваю, — осоловелым голосом доказывал Рома. — Вот приезжаешь ты, скажем... Плита бетонная упала. Перелом таза, разрыв мочевого пузыря. 10 минут, и человек умер, что делать будешь?

— Подожду. — Я собрала вещи в рюкзак и двинулась к выходу, пьяный фельдшер перегородил мне дорогу и заключил в душевные объятия.

— Эх, Маруся, жду я с тобой смены не представляешь как! Злая ты, рисковая. Поехали сейчас, Маруся! Все реанимации наши будут, мы всех... всех спасем!

— А Саша что скажет? Думаешь, она одобряет такое твое... поведение?

— Сашка все. — Рома слегка ослабил хватку. — Нет Сашки. Сказала, ты беспутный, так и сказала — бестолковщина. Ей нужен мужик, и чтобы нормальный: счастье, здоровье... цветы, Мендельсон и мордой в салат. — Рома не удержался и хлюпнул носом.

— Так ты ей предложение сделал? — не выдержала я.

— Нет никакого предложения! Я предложил — она отказалась, так, все. Хоть этот... Полушкин, она даже не любит его! Он же завхоз!

— И что ты сделал, чтобы это изменить... ситуацию?

— Я? — удивился Рома. — Ничего. Не могу я с этим, ну, ты знаешь... Ты злая и умная, все понимаешь. Я сам, все сам, мы всегда одни, я, ты, скорая! Ни на кого не надеемся, изредка вызываем реанимацию... Что ты об этом думаешь?

— Смерть неотвратима. — Я закашлялась. — А жизнь в состоянии сама о себе позаботиться. Мы наблюдатели. Пойду дверь закрою, а то сквозняк.

С криком «Отойди от нее!» в помещение завалился Костик. Его снова дернули с области сообщением об алкаше на станции. Пока разборки не завершились мордобоем, я поспешила убраться со станции. Говорили, Рома в ту ночь подрался с Валерой, а Костик разбил Роме лицо. Заведующий, изучив следы в спешке отмытой крови, принял единственно возможное в данной ситуации решение. Больше Романа я не видела.

Фельдшер в камуфляже

Китайский иероглиф «малодушие» получается, если к иероглифу «смысл» прибавляют основу «человек».

Ямамото Цунэтомо. Хагакурэ

За окном стояла непроглядная сырость. На улице непотребствовал ультрациклон. Подстанция скорой помощи прогревалась хорошо, но бригады в помещение не запускались — осень, иммунитет населения слаб, болезни обострились. К лобовому стеклу ветер налепил мокрых листьев с черными прожилками и рекламу парикмахерской «Эконом». Настроение было лирическое: включить на магнитоле «Как упоительны в России вечера» и захрустеть булками в дождь или, на крайний случай, насвистывая «Город, которого нет», безнадежно вглядываться в туманный горизонт. Подчиняясь лирическому настроению, фельдшер в камуфляжном дождевике с логотипом *Umbrella* выскользнул из машины и растворился в ряду мерзнущих автомобилей.

— И куда он? — флегматично поинтересовался шофер, обнимая штурвал, словно родную жену — заботливо и дежурно.

— А он нам нужен? Тоже мне...

— Ну и поехали!

— Трамвайное депо, въезд с торца.

Новенький «форд» почти бесшумно снялся с места.

— Эй! А ну, стоять! Куда? Совсем офонарели? — фельдшер на ходу запрыгнул в машину. — Уже и покурить нельзя.

— А ты не тормози! Людям срочная помощь нужна! — назидательно сказал шофер.

— Когда помощь действительно срочно нужна, успеть, Серый, нет никакой возможности, — резонно заметил фельдшер.

— Эх, Даня, ты же клятву давал!

— В клятве про перекуры ничего не сказано, — отмахнулся Даня и опять оказался прав.

— Приехали! — сообщает Серега, затормозив у депо. Даня продолжает занимательно стрелять по врагу в своем смартфоне.

— Эй, приехали, кому говорят! — водитель раздраженно вдавил кнопку сигнализации. — Ты будешь сегодня работать или нет?

Фельдшер выключает аппарат и выпрыгивает прямо в огромную лужу посреди двора. Я осторожно выбираюсь следом.

* * *

На станции Даню считали призрачным существом. Фельдшер никого не боялся, все ему сходило с рук. Курил не на улице, а где попало и ни разу не попался на глаза бдительному начальству. Народ лечил спустя рукава, забывал и укол сделать, и повязку наложить, а то и вовсе на адрес зайти, и все как-то бог миловал. Жизнь помотала фельдшера по женщинам и по местам работы, а на станции он встретил Гулю и задержался здесь надолго.

Когда я зашла на кухню, эта парочка резко оборвала напряженный разговор. Я заметила виноватые глаза Дани и поджатые губы Гули. Визуально-эстетически эти двое друг другу совершенно не подходили: Даня — высокий тридцатилетний детина, прилизанные волосы, гладко выбритое лицо, живот выдающийся, не пивной, а «геймерский», будто вмятина от ноутбука на животе.

Одет нелепо, в чистую глаженую рубашку и потасканную форму из военторга, на ногах резиновые сапоги. Гуля — мелкая фигуристая южаночка двадцати лет, длинный подбородок, взгляд упрямый, волосы красивые, черные, до пояса. У меня повторно промелькнула мысль, что нет между ними ничего общего и быть не может, однако прибрала Гуля беспокойного фельдшера к рукам, на квартиру к нему съехала и карточку его зарплатную приватизировала. А Даня тем временем стал выстиран, выглажен, вовремя накормлен, вовремя выдернут из-за компьютера и уложен спать. Почти перестал фельдшер опаздывать на работу, все будильники тоже перешли в подчинение Гуле.

— Так что там с массовым отравлением? — Даня быстро постарался завязать светский разговор, что-то они здесь неприятное обсуждали.

— 37 человек, говорят, поступили, — вспоминаю я содержимое утренних новостей.

Планшет в кармане у фельдшера зашевелился и выдал пронзительную трель.

— 39, — Даня пробежался по экрану. — Парень и девушка, симптомы те же, поехали потихоньку. Гуля на меня даже не посмотрела, как сидела с прямой спиной и отсутствующим взглядом, так и осталась сидеть, и с парнем не попрощалась.

* * *

На пороге квартиры — высохшие лепестки красных и желтых роз, внутри — кучи мусора и белья, творческий бардак, неизменно сопровождающий суровый быт влюбленных.

— Романти́к, — Даня отработанно-грамотным движением пинает пустую бутылку из-под шампанского.

— Лучше бы пельменей себе сварили.

Пока пара блюющих зомби в панике собирает вещи на госпитализацию, мы внимательно изучаем историю заказов и чек на оплату.

— Документы эти сохраните, потом отсудить можно, — советует фельдшер и меланхолично добавляет: — Суши хочу.

— Я тоже. Какой там телефончик доставки?

Пара недоуменно глядит на наши невозмутимые лица и синхронно мчится к туалету.

* * *

Дождь и не думал прекращаться. Откуда-то с Атлантики на город наполз густой туман, в непроглядной дворовой серости наша машинка едва не налетает на моторную лодку, гордо восседающую на прицепе.

— Ай хороша, — любуется Серый, — угоним, а, доктор?

— И будем по городу кататься. Прямо в прицепе.

— Не. Лучше продадим, купим на выручку гашиш и будем кататься на единорогах.

По дороге на срочный вызов фельдшер решает заскочить в пивную.

— Кому чего?

— Мне джин-тоник.

— Мне «балтику-тройку».

Даня возвращается с полторашкой кваса: «Вот вам и джин-тоник, и "балтика-тройка"». Алкоголь фельдшер не приемлет из принципа.

* * *

— Кома. Стабильно.

— Причина?

— Кто бы знал. Я налаживаю систему, а ты выясни, что здесь произошло.

Легко сказать. Я внимательно огляделась. Типичное место обитания опытного алконавта средних лет — из тех, что окончательно обручились с бутылкой, но сохранили связь с реальностью, и даже с работой порой совмещают. Сам юноша возлежал на продавленной кровати без матраса и признаков сознания не подавал, дышал же громко и часто. Учитывая обстоятельства, первым на ум пришел отказ печени, однако характерного печеночного «яблочного» аромата не ощущалось, да и выглядел парнишка для этого чересчур жизнеспособным. Я тщательно обследовала захламленную поверхность советского стола-книжки. Среди штабелей пустых бутылок нашлись подмоченные документы и выписка из наркологического отделения. Там же содержалась и наполовину пустая упаковка тетурама. Таблетки вместе с выпиской я показала фельдшеру.

— И что?

— Тетурам — антиалкогольное средство. Назначают от зависимости.

— Да знаю я! Дальше что?

— Он лечился. Ему таблетки выписали, а он их водкой запивал. Ну вот, кома.

— Ясно. Отличная дедукция, Ватсон.

— Что делать-то будем?

— Да ничего, БИТов вызовем, пусть разбираются. — Даня открыл папку и занялся писаниной.

* * *

— Между прочим, навел справки! — В перерывах на перекур фельдшер всегда умудрялся находить интересных собеседников и вытягивать из них инсайдерскую информацию. — Клиент наш — рабочий класс, сантехник. Употребляет запоями по два месяца с краткими перерывами на лечение. На работе в курсе, относятся с пониманием. Опа, еще один клинический случай!

— Что там?

— Мужчина, «бьется в судорогах и хочет на небо», это явный творческий кризис.

Новый клинический случай оказался не столько интересным, сколько сумбурным. Мужчина действительно радовался скорой встрече с небесами и со слезами прощал всех и вся, периодически от избытка эмоций впадая в эпилептические припадки.

— Я, конечно, извиняюсь за бестактность, — Даня мягко поддерживал вице-вдову под локоток, — но у вашего супруга явная белая горячка.

— Он не пьет! Он кодировался! Он постоянно под присмотром! — яростно отбивалась женщина. — Слушайте, доктор, может, его в ванной током шарахнуло? Он как раз недавно душ принимал.

— Очень даже может быть! — охотно согласился фельдшер. — И, разумеется, в ванной он ничем не булькал, кроме мыльных пузырей?

Тем временем пациент активно вжился в роль умирающего и уже полез благословлять детей, но никак не мог их догнать в тесном пространстве квартиры. Фельдшер сложил в уме два и два, отнял температуру воздуха и вычел Луну в Козероге, после чего назначил больному горячий укол в разбавлении анальгина. Получив новые эмоции от лечения, нервная система несостоявшегося покойника ушла на перезагрузку, и мужчина погрузился в здоровый алкогольный сон.

У подъезда бригаду встречали социально активные граждане в подпитии.

— Отец, тебе помощь не нужна? — поинтересовался самый ответственный. Такой поведенческий паттерн был мне давно знаком: навязчивое предложение, за вежливым отказом — «ты меня не уважаешь?» и мордобой.

— Так что, брат, ты скажи, чем помочь? — все настойчивее приставал гражданин.

— Возьмите меня на ручки! — жалобно попросил Даня и для убедительности улыбнулся наименее мужественной половиной лица. Гражданин пробормотал что-то невнятное и попятился задним ходом.

* * *

— На что жалуетесь, бабушка?

— Да вот, милый, голова болит!

— Хм, а... у вас соседи давно музыку так громко слушают?

— Так весь день, милый!

— И... вы их, конечно, просили сделать потише, а они по понятным причинам вас не услышали?

— Да ведь, милый... Куда ж вы, доктор? А укольчик?

Вернулся Даня быстро, разговор с соседом был решительным. Музыки и вовсе теперь слышно не было.

— Так получше?

— Ой, а ведь верно, и голова прошла! Вы, доктор, волшебник! Даже без укольчика! Возьмите яблочки, садовые, домашние... это у меня с дачи, свои! Ой, а облепиху возьмете? Там, Малышева сказала, витамин «Е» и от ожогов что-то! У меня на балконе, сейчас принесу... Куда же вы, а яблочки?

От яблочек в салоне скорой уже деваться некуда, что поделаешь, сезон, урожай. У водителя оскомина, и внучке почему-то не взял.

* * *

Серый припарковался возле автозаправки и приготовился ждать, пока всевидящий диспетчер о нас не вспомнит. Завеса дождя и тумана надежно скрывала машину от посторонних глаз, а силуэты мусорных баков только добавляли очков маскировке. Даня курил возле клумбы, не стесняясь дождя, прикрывая огонек сигареты ладонью. Камуфляжный плащ скрадывал очертания фигуры, делая его похожим на призрака.

— Ты очень органично вписываешься в пейзаж, — заметила я, когда промокший рукав дождевика неосторожно проехался мне по носу, — картина «Ночной снайпер на перекуре».

— Снайперы стоя не курят. Только лежа, в крайнем случае — сидя, — со знанием дела отрезал фельдшер.

Выходные Даня проводил в онлайн-играх и на сайтах военторга, а отпуск — на раскопках, организованных любителями военной истории из добровольно-поискового отряда. Гуля к интересам своего молодого человека относилась снисходительно, возмущалась, лишь когда от «Сбербанка» приходили уведомления о покупке военной и выживальческой снаряги на особо круглые суммы. С деньгами фельдшер не дружил.

* * *

Рассвет мы встречали в забытом богом квартале, целиком состоящем из заброшек и общажных бараков. В центре заросшего бурьяном двора раскинулся призывно алеющий куст боярышника.

— Будешь? — Даня, как самый высокий, надергал спелых ягод на всю бригаду. — Вроде спелый...

Ободрав почти дочиста растение, с чувством выполненного долга мы возвращаемся на подстанцию.

— У меня от этого боялышника весь лот судологой свело! — еле ворочая языком, пожаловалась я.

— Да, пожалуй, не стоило так нажираться, — согласился Даня.

— Вы там бухали, что ли? — диспетчер возмущенно и внимательно принюхалась.

— Боярышник. Будете? — я протянула ей гнутую от спелых ягод ветку. — Скоро рябина подоспеет. А пока полная машина яблок. Это осень.

* * *

Сдав смену, я напросилась в диспетчерскую, помочь Маринке с закрытием карточек. Маринка, стройная, длинноногая диспетчерша, жена одного из водителей, звонко стучала наманикюренными ногтями по клавиатуре. «Угощайся», — она подвинула мне объемный пакет. В пакете оказалось полтора килограмма отборной черешни. Даня принес.

— А ты чего домой не идешь? — в окно просунулись любопытный нос и камуфляжный воротник.

— Отопление отключили. И есть нечего. — Я подвинула пакет с черешней поближе.

— Так пошли к нам! У нас есть это... Гуля, что у нас есть?

Гуля заглянула в диспетчерскую.

— Яичница будет. Курица со вчера осталась. Можешь сосиски сварить. Масянь, а зачем нам Маруся? Нам отсыпаться, тебе в ночь.

— Успеем, — отмахнулся Данька. — Ну пожалуйста!

— Ладно, — тряхнула волосами Гуля. — Где твои вещи?

Вещи Дани были свалены в углу. Я взяла рюкзак, Гуля оценивающе взвесила два объемных пакета.

— Что здесь? — она заглянула внутрь. — Масянь, где ты взял противогаз?

— В заброшке, — сказал Даня, — там целый ящик кто-то оставил.

— Что ты там делал?

— Обгорелый труп констатировали. Бомжи разбирались.

— Почему ты мне не сказал?

— Да ты потом спать не будешь! Ты же боишься... — неопределенно вздохнул Даня.

— Тоже мне скорая, — не удержалась я.

Фельдшера непонимающе уставились на меня. Гуля заглянула во второй пакет.

— Масянь, а костюм химзащиты? — она вытащила край вырвиглазного оранжевого комбинезона. — Зачем ты его украл?

— За грибами ходить, — Даня вложил в слова максимум убедительности. — Ни один клещ не пролезет!

— Масяня! — Гуля затрясла головой.

Даня подхватил ее на руки и потащил к выходу. Подобрав разбросанные пакеты, я поплелась следом.

* * *

Пара жила в захламленной однушке напротив областной больницы. Моя рабочая привычка анализировать семейную обстановку по расположению бытовых предметов определила, как изо дня в день здесь шла борьба: Гуля метр за метром отвоевывала пространство чистоты и порядка, а хаос Дани неумолимо наступал, пополняясь разнообразными вещами, которые тот притаскивал отовсюду и каждый день.

— Вот здесь у нас спальня, — Гуля, подчиняясь законам гостеприимства, возглавила экскурсию, пока Даня, ни говоря ни слова, умчался курить в туалет. — Это все его игрушки, — она обвела рукой полку с художественно расставленными моделями танков и самолетов. Здесь врожденная беспорядочность Дани как будто отступила перед систематичностью военного дела. — А на шкафу у него автомат.

Я подняла глаза к потолку. На антресолях пылился чехол от гитары, уточнить его содержимое у меня желания не возникло. В углу я заметила коробку из-под телевизора, до середины полную шприцами, флаконами и прочими расходниками.

— Это наша аптечка, — перехватила мой взгляд Гуля.

Я вспомнила домашние аптечки пациентов, состоящие из таблеток от поноса и головной боли, зеленки и кровоостанавливающего жгута, который обыватель любит накладывать не к месту и неправильно. А этой аптечкой можно было месяц лечить целый батальон. Профессиональное.

Вернулся Даня, изъявил желание приготовить завтрак самостоятельно. Гуля всплеснула руками и дала добро, предупредив, что на кухню она ни ногой. Я пошла за фельдшером. Даня зажег плиту, до упора вывернул регулятор. Огонь вспыхнул едва не до потолка. Поставив на плиту сковороду, он принялся швырять издалека в нее всем, что попадалось под руку в холодильнике: яйца, сосиски, зелень, колбаса. Я заняла тактическую позицию у выхода, готовясь эвакуироваться, когда сковорода наконец изволит взорваться. Дане тем временем подвернулся под руку шматок сала, и он, долго не думая, выкинул его на подоконник со стороны улицы. К окну тут же подлетели, видимо прикормленные, синицы и голуби. Не удовлетворившись пожаром на плите и птичьей баталией за окном, он на всю катушку врубил колонку, звуки немецкого марша заполонили пространство квартиры. Даня оседлал табуретку посреди кухни, агрессивно уставившись в потолок.

Гуля появилась к тому моменту, когда от птичьего угощения ничего не осталось, а сковорода готовилась превратиться в уголь. Она выключила плиту, колонку, закрыла форточку, провела краткую ревизию холодильника, подарила Масяне короткий испепеляющий взгляд и вытолкнула его в спальню.

Яичница, как ни странно, оказалась вполне себе. Гуля не стала пробовать Масянину стряпню из принципа, извлекла из холодильника вчерашние роллы и принялась их аккуратно употреблять, поддерживая светскую беседу.

— Костик опять с Верой сошелся. Дебил. Алсу мне больше нравится. Вера дура.

— Думаешь, они надолго вместе? — Я наблюдала, как Гуля укладывала свои беспокойные волосы, стараясь удержать их за спиной, а затем просто запихала их за шиворот домашней одежды.

— Нет конечно, — фыркнула Гуля.

— Они не понимают, что он их просто использует?

— Он не использует. — Гуля задумалась, выдавливая на подсохшие роллы майонез. На фоне такого извращения кулинарные методы Дани еще поддавались пониманию. — Он их правда любит... пока они вместе. Я же говорю, дебил.

— А Даня? — Я прислушалась к пальбе, доносившейся из-за закрытой двери. Компьютерная баталия шла полным ходом.

— Это он еще в наушниках, — заметила Гуля. — Масяню — не отдам. — Она воинственно выставила подбородок вперед. — Он меня слушается. Недавно хотел купить миноискатель за 25к.

А у нас уже есть такой, подешевле. Видит всего на полметра. Я его убедила, что второй нам не нужен. Вот так. — Она внимательно прислушалась к стрельбе и спохватилась: — Ему же сегодня в ночь!

Сообразив, что она собралась укладывать Масяню, я начала прощаться.

— Куда ты пойдешь! — замахала руками Гуля. — С ночи уснешь по дороге! Диван занимай, сейчас плед принесу...

Я посмотрела в окно. На подоконнике сидел голубь и смотрел блестящим оранжевым глазом.

Вторая ночь

Так и запиши в своей книжке:
«вышел от больного центральным раком легких и закурил».
Диалоги скорой помощи

Машина затормозила возле елочного базара, безлюдного по случаю позднего времени. Даня на ходу выпрыгнул, неуловимым движением закурил и органично слился с заиндевевшей безжизненной хвоей.

— В Европе семья купила елку с примерзшей к ней совой. В России семья купила елку с примерзшим к ней фельдшером.

— Что мы здесь делаем?

— Ждем, когда 26-я заедет. Будем вторыми в очереди, поспать успеем, ясно?

— Все равно не выспимся.

— Хоть немного. Ближе к телу, женщина.

— А чего здесь?

— У подъезда камеры.

— Маячок же в машине!

— Ничего не знаю. Заблудились в трех... елках.

Даня просунул длинную физиономию между разлапистыми ветками и занял наблюдательный пост.

— Дань, а тебе с парнями или с девочками больше работать нравится?

— Одному. Снайпер я.

Я раздвинула ветки и присоединилась к наблюдению.

— Шла бы ты спать, а? Вторая ночь, убьешь еще кого.

— Как будто у тебя первая.

— Не-а.

— Врешь. Вчера виделись.

— Правда? Не помню. Память у меня такая, со станции утром выхожу — вся смена как ветром из башки. Мне что вторая, что третья...

Я видела, как работали по четыре. Что бывает на пятую, я не знала.

* * *

Гуля позвонила, когда я уже была в автобусе. Даня не вышел на работу. Вчера в ночь работал, днем, наверно, опять в компьютер резался, к вечеру проспал. Она была у родителей в деревне, не уложила, не смогла разбудить. На звонки благоверный не отвечал. Гуля уже на линии, а меня без первого номера все равно не выпустят, не могла бы я заскочить к ним домой и фельдшера разбудить. Могла бы.

* * *

Спать действительно хотелось. Можно отпустить Даньку в его одинокую обреченную на забвение смену, но тогда надо отдать укладку. Отдавать не хотелось.

— Заехали. Вперед, время!

Даня рванул к подстанции, я помчалась следом.

— Начальник, пишите нас!

— Я вам вызов поставила, — ехидная крашеная личность Симы, улыбаясь, протянула через окошко диспетчерской лист бумаги.

— Мы заехали! — возмутился Данька.

— Как заехали, так и уехали, — отмахнулась диспетчер.

* * *

Даня открыл дверь с пятого звонка. Стоял на пороге, вылупив глаза, заспанный, невинный, как младенец.

— Одевайся и выходи, — скомандовала я. — Смена.

— Ты как здесь? — Даня хлопал глазами. — Время?

— Время девять. Проспал.

— Ага. — Даня что-то со скрипом соображал. — Проходи.

— Не буду. Одевайся и выходи, время идет, мне денег за твою побудку не платят, только за линию.

— Так ты на скорой приехала? — Даня рванул к окну.

— Еще чего. Большая шишка, карету тебе к подъезду ставить. — Я шла за ним, подгоняя и вися над душой. Даня тем временем потянулся за чайником. — Ты что, ужинать собрался? Или что это для тебя, завтрак? Ты вообще, что ль, не торопишься?

— Куда? — удивился Даня. — Ты работать хочешь?

— Не хочу, — я запуталась. — Но ведь надо?

— Надо, — сказал Даня. — После кофе. Тебе с сахаром?

** *

Сияя иллюминацией, «транзит» царственно вплыл в подворотню и отчаянно затормозил на облысевшей резине возле суетливой композиции из полнотело-горизонтальной пенсионерки в пальто и двух растерянных дворников. Я выпрыгнула на дорогу, проигнорировав подножку, и тут же растянулась на льду рядом с пострадавшей.

— Женская солидарность, — обозначил Данька. — Парни на носилки по моей команде, раз-два...

Я поднялась на ноги и забралась в салон, открывая папку.

— Опять поясницу сорвал, — Данька со скрипом залез следом за въехавшей на носилках пострадавшей. — Ты пиши-пиши. Диагноз — нижняя треть предплечья и с ногой что-нибудь...

Я подала набранный шприц. Данька нашел хорошую вену, перетянул жгутом, устроился сбоку, затем спереди, выругался, выкинул жгут и, вывернув локти, вогнал иглу под каким-то немыслимым углом.

— Трамадол? — я потянулась к укладке.

— Нет, оставь, — оборвал Данька. — Проходит, бабуль?

— Не очень-то...

— Сейчас пройдет. Время надо.

— Ой, Господиии... святый угодниче целителю... ой!

— Перелом, недостаточное обезболивание, может... — я снова вытащила коробочку из кармана.

— Вперед иди, — неожиданно злым голосом скомандовал Даня, — я тут напишу, пока едем.

— В травмпункт второй больницы, — сказала я водителю, закрывая дверь, — и полегче, там переломы.

— Они под наркотиками разве чувствуют? — поинтересовался водила.

Я не ответила.

* * *

Сгрузив пациентку в рентген-кабинет, мы забрались в машину, прикидывая, хватит ли грязи в салоне на то, чтобы выпросить помывку.

— Время есть, — сказал Данька, — давай за угол. Бабушку полечили, теперь меня полечим.

— Что с тобой?

— Хондроз.

Я молча достала ампулу. Вена нашлась сразу. Хорошая, трудовая. Свежих уколов не было.

— Попала?

— Угол меньше, больно. Медленно вводи. Чего руки дрожат?

— Дистония. — Я сфокусировалась на шприце, хотя в этом не было никакой необходимости.

— Не грузись, — он вдруг схватил меня за палец, — лицо, как будто хоронишь. Медленнее, сблевану же!

— У меня руки устали.

— Ладно-ладно, вводи как хочешь, блевану и блевану... Послушай, — он потянул за палец сильнее, — почему они все Бога вспоминают? Их же я спасаю, а они — помоги, Господи, слава тебе, Господи...

— Отпусти, больно. А тебе чего, конкурента почуял?

— Нет, ты скажи, — руки Даня не убрал, но хватку ослабил, — у тебя же на лбу написано: «Знаю, но молчу».

— Да боятся они! Контроля хотят! Уж лучше самое жестокое божество, чем слепой случай. Божество можно задобрить, а с вероятностью ты что сделаешь?

— Вот я же — боюсь... и ничего не собираюсь контролировать.

— А мы с тобой много видели. Вокруг все ломаются, а мы пока нет. У нас у самих — синдром бога. Интересные мультики, а? — не выдержала я.

Он открыл рот, однако передумал говорить и только уставился на меня злыми узкими зрачками.

— Дань, сколько ангелов помещается на конце иглы?

— Штук десять, наверное.

— Готово, — я вышла из вены.

— Да е...! — Даня опрокинулся на пол, сдержал позыв и выпрямился. — Тяжелая у тебя рука. Спасибо, мать.

— С тебя тоже ширево. Спина болит.

— С ума сошла? Я на двоих не спишу!

— Не бесись. Кеторол спишешь. Правда болит ведь.

В сторожке на парковке по телевизору показывали сериал. В кустах звучно плевались и матерились. Брюхом кверху поднималась на востоке луна.

Даня сидел на игле лет семь, может, больше. На станции многие пробовали трамадол, некоторые регулярно, но зависимость была только у него. Генетическая особенность способна сделать человека наркоманом с первого укола. Высокая чувствительность рецепторов к опиоиду, только и всего.

Даня уколол меня в смотровой подстанции. Старший фельдшер, проходя мимо, окрестила нас наркоманами и приказала Даньке не развращать молодежь. Мы отработали еще один вызов, первый номер был весел и общителен и подарил мне все заработанные чаевые и шоколад. Хондроз его больше не беспокоил.

— Ну, кто прочтет затрапезную молитву? — Даня торжественно извлек контейнер из микроволновки.

— *Recipe Adrenalini hydrochloridi...* — заголосила я.

— *Amen*, — подтвердил Даня и принялся за еду. — Оставлю-ка я тебя спать. И не спорь! У самой глаза в кучу, а туда же.

Я открыла внутренний карман куртки и протянула Даньке укладку. Даня взял коробку и уставился сквозь меня. Я перестала для него существовать.

— Здоров, Костя!

— Здоров-здоров, вам меня еще терпеть и терпеть, — добродушно возгласил Костик и уселся за стол. — А хотите реальный анекдот? Приезжаем мы сейчас к одному нарку, игловой, из старереньких, ну, думаю, работы нам тут в четыре руки, а он — «подождите, доктор, вот у меня чистая вена, для скорой берегу», слыхал, какое уважение?

— Конечно, ты ж на шею жгут кинуть не постесняешься, — заметил Данька. — Занятный они народ. Самоубийцы.

Я подумала возразить и опять промолчала. У самого Даньки ни одного «глазка» на руках не было. Профессионал.

— 90-й, вызов!

Даня продолжал поглощение пищи и непринужденную беседу с коллегой. На выход со станции 4 минуты. Раньше мне не хватало, сейчас остается еще секунд 30 на потупить. Даня не спеша доел обед, попрощался и растворился в воздухе.

Я вернулась в фельдшерскую и минут пять спотыкалась об диваны в полной темноте, пока не нашла Гулю. Она спала лицом к стене, накрывшись пледом и курткой.

— Гуля, — зашипела я, — проснись, слышишь? Он опять начал.

Она завозилась под пледом и ничего не ответила.

— Мне не стоило ему делать, да? — продолжала я.

— Отстань, я спать хочу, — Гуля повернула ко мне злое лицо и тут же уткнулась носом в подушку.

Даня откололся, когда начал встречаться с ней. Надолго. Относительно.

* * *

Все начинается с хондроза. Почти всегда. Сутками трястись в машине, таскать на себе тела весом в два раза больше собственного — верная дорога заработать проблемы со спиной. Обратиться в поликлинику фельдшера считают ниже своего достоинства, да и что им там сделают, назначат аппликатор Кузнецова? А боль игнорируют с помощью кеторола. И когда обезболивающее перестает действовать, когда за плечами бессонная первая ночь и беспокойный день, а «проклятый» последний час второй ночи еще за горизонтом, рука сама тянется к коробчонке с заветной ампулой. Я знаю, что тоже однажды сорвусь. Вопрос времени. И очень боюсь этого, потому что часто вижу тех, кто уже по ту сторону границы.

Он разбудил меня под утро.

— Соскучился? — не удержалась я.

Отвечать он не собирался. Я пожала плечами и достала из кармана губную гармошку.

— *Hohner?* — тут же заинтересовался Данька. — Я находил такие, у немцев, когда на раскопки ездили... Язычки, наверно, стальные, в оригинале медные. Медные изнашиваются быстро...

Я приложилась губами к холодной поверхности с железистым привкусом. «Би-2», Чичерина «Мой рок-н-ролл».

До мажор. Данька слушал серьезно и душевно подпевал фальшивым фальцетом.

— Психи, — выдал разумную мысль водитель, — один под кайфом, другая с музычкой, пресвятого-духа-в-бога-душу-мать...

Данькины глаза моментально сузились в щели-амбразуры, он приготовился выдать целую лекцию по воинствующему атеизму и тут же передумал.

— Ало, ваша любимая бригада на связи, разрешите уточнить по вызову...

* * *

Лампа накаливания под абажуром из многогранных стекляшек желто-грязного спектра. Слепящие тени по углам. В квартире ни пылинки и каждая вещь на своем месте, а запах — разрухи и застарелого клоповника. Фельдшер вполуха выслушивает историю болезни, ведущую начало еще с прошлого века, и разглядывает сервант.

— А колокольчик поддужный бронза? Века 19-го.

— Разбираетесь? Альбомы не хотите посмотреть? — дед оживляется. Многострадальная благоверная замолкает.

— Маш, по вене, — спохватывается Данька. — Давайте ваши альбомы.

В альбомах 60-е или близко к тому. Байконур. Молодежь целину поднимает, а у кого мозгов хватает — осваивают космос.

— 1957-й, — вспоминает Данька, — «Спутник-1». Ага. А это, значит, ПУ № 5, «гагаринский старт». Да, эпоха...

На выходе из квартиры он замечает тусклое зеркало в рост с претензией на старину.

— 17-й век! Однако. И как оно у вас?

— Спаси вас Господи! — Дверь лифта закрылась.

— Ну вот, опять...

— А что у нее было-то?

— Не помню.

— Мы только вышли!

— А я вообще людей не помню. Предметы запоминаю, адреса, обстановку...

— Антиквар.

— Да, адресочек записать надо. Старики помрут, пока с хозяйством остальным разберутся, всякого хлама никто не хватится.

— Зачем тебе?

— Старину люблю. Историю. Людей — не очень.

Гуля говорила, что дома Даня ни-ни. И мысли не возникает. А на работе как подменяют, даже ломает. «Домой увезу, — говорила Гуля, по привычке выставив острый свой подбородок, — отучусь и свезу в деревню, пускай в медпункте колхозниц лечит». Если бы она не прогуливала лекции по наркологии, то знала бы — опиумная наркомания не лечится. Даже уличные знают, пошел герыч по вене — человек-труп. Что единственный ненадежный способ вылечить — хватать в охапку, без вещей, без друзей и везти далеко-далеко, чтобы ничего не напоминало. «В деревню, — выслушав меня, упрямо повторила Гуля. — Только он не поедет».

* * *

— Так, я что-то не понял, куда делась кардиограмма этой кошелки? — Даня нервно перетряхивает папку.

— А я ее не снимала. — Пальцы у него все-таки нестандартные, тонкие и ловкие, на фортепиано бы играть ими, а не носилки гнуть.

— А почему?

— Мне лень.

Да и не нужна она здесь.

— Ленивая ты жопа. — Даня достает из кармана безымянную кардиограмму и разглаживает на коленях. — Должна подойти. Дата вот только старая.

— Сотри.

Он возит по бумаге спиртовой салфеткой, затем размахивает лентой, подсушивая на сквозняке, задевает водителя по носу и сажает на полоску масляное пятно.

— Да оставь, высохнет.

— Подожди, есть идея, — Даня достает зажигалку.

— Мне вот эти ваши идеи... Даня!

Кардиограмма горит, в шесть рук тушим пожар. Даня заливает пламя из термоса, водитель сокрушенно разглядывает прожженное сиденье, в центре бумажной ленты — обугленная дыра.

— А все кто виноват? Кому у нас лень на бабку пару электродов кинуть?

Луна повернулась на другой бок и теперь уже висела на западе. Настроение у фельдшера снова испортилось. У трамадола эффект недолгий — всего 10% от эффективности морфина. Морфин в укладке тоже есть, но списать его сложнее, да и страшно. Какой бы ни был Даня конченый, мозги у него отчасти есть. Трамадол тошнотный, слабенький, но протянешь на нем дольше. Лет 10. Медицинский товар на порядок чище уличного.

— А я ему говорю, — вполголоса бредовым речитативом рассказывает Даня, — что обещания свои всегда выполняю. Обещал довезти живым — и довез. Правда, она умер через минуту в приемнике... Но ведь довез же? Они всякие бывают, за кого и жопу порвать не жалко, а кому и инфаркт не заметить можно. Этот дебил Казанцев... Я ему так и сказал: еще раз вызовешь, не дай боже на меня попадешь — убью. А этому... заколотому. Так и сказал: раз больше всех знаешь, ширяйся сам, в этом дерьме инфицированном иглой ковырять не буду. Он возьми и в бедро. В артерию попал. Тут его и накрыло. Заметили, героинщиков стареньких меньше стало? Перед мундиалем, говорят, по приказу сверху завезли этого добра со стрихнином. Ну, они и передохли. Чтобы на улицах поприличнее было. Да что стараться — все равно ночью тут как при бомбежке. И приемник во второй городской — чисто эвакогоспиталь. День… А что день? Та же ночь, только светло. Ночь совершенна. Она скрывает… убожество.

Я смотрю в укладку, на одну целую ампулу меньше стало.

— На кого списал? Опять старушку со сломанной ногой без обезбола оставил?

— Она уже мертвая, — отмахивается.

— А как?

Совсем скатился, покойников лечит.

— От рака померла. Констатировал. А написал, что живая, в агонии. Плюс-минус час разницы не заметят.

Зрачки у него уже снова в положенных границах. То ли еще чем закинулся, то ли отходняк, то ли недосып кроет.

— Але… 90-й, да. Отек Квинке пишу… А кто там? Ой, фу-фу-фу. Вы же знаете, не люблю личинок. Ладно-ладно.

* * *

На адресе встречает мамаша и жизнерадостный слюнявый питбуль. Я занимаю оборонительную позицию в труднодоступном углу, но собакевич с напористым оптимизмом сносит все баррикады и заливает слюнями почти чистую форму.

— Ну погладь, погладь, — смеется Даня.

— Я не люблю собак, — шиплю в ответ, — и кошек. И канареек. И хомячков. И этих… шиншилл.

— А я детей не люблю, — огрызается Даня. — Что теперь? Где ребенок-то?

— А он, знаете… Только что здесь был, правда-правда!

После тщательного обыска обнаружили трехлетку в картонной коробке под столом. При виде эскулапов, разухабистым видом менее всего напоминающих доброго доктора Айболита, девочка еще глубже закапывается в картонные недра.

— Анюта, вылезай!

— Бу-бу-бу!

— Знаете что? — Даня принимает доминантную позу. — Чтобы лечить вашу аллергию, нам ее надо осмотреть. Чтобы осмотреть, ее надо достать. Из коробки. Ясно?

— А как же ее? Анюта, девочка, врачи хорошие, укольчика у них нет-у!

— Ложку несите, горло смотреть, — командует Даня.

Мамаша удаляется на кухню, я рассматриваю детскую кроватку, заваленную неразобранными после стирки вещами, там же игрушки, везде игрушки, у кровати кастрюля, в ней мужской ботинок. На столе ноутбук и пять пустых чашек. Под столом мандариновая кожура и фантики.

— Летели на отек Квинке, приземлились на диатез. — Даня с философским спокойствием наблюдает, как внезапно ожившая коробка удаляется к выходу. — Мамаша, вы там долго?

— Я… Ой, у нас и ложек чистых нет. Тарелка подойдет?

* * *

Социальное дно можно пробивать бесконечно. Кто-нибудь да окажется в подвале. Быт супругов-алкоголиков описывается четырьмя словами: бутылки, шмотки, тараканы, вонь. Запах горелого мяса.

— В больницу поедем?

— Она никуда не едет! — удар кулаком по столу.

Можно наложить повязку, послать в аптеку, дать рекомендации. Кому? Можно приложить отекшее пьяное рыло тяжелой фельдшерской рукой и тащить на себе брызжущее слюной и вшами, истощенное алкоголем тело. Можно не делать ничего. Я неотрывно смотрю на предплечья. У обоих шрамы поперек. Резались, но несерьезно как-то. Бе-елочка. Нет, таракан.

— Пошли отсюда.

* * *

Даня редко попадал в безнадежное положение, а сейчас как раз в нем и оказался. Обезболивающие сделали свое дело, но грыжа пациента осталась на месте и через полчаса обещала снова о себе напомнить. В больницу мужик ехать наотрез отказался, он же мужик в конце концов. Его супруга, воздушная и чувствительная учительница музыки, убедительно уговаривать не умела, но и бригаду отпустить никак не решалась. Я пошарилась в своих относительно свежих мозгах и набросала на обрывке кардиограммы рецепты каких-то витаминов. Даня знал, что они не помогут. Его взгляд скользил по комнате и с каждым кругом останавливался на запыленном пианино. Учительница музыки дома музыкой не занималась. Даня подошел к пианино и, сам не зная, зачем ему это надо, открыл крышку.

Первый же аккорд выдал крайнюю степень расстроенности инструмента. Второй — что, если приспособиться, одну мелодию на пианино все же можно сыграть. Должно быть, единственную, которую Даня помнил с музыкальной школы. Я толкнула ему под зад табуретку, Даня благодарно кивнул и заиграл.

Пальцы у фельдшера уже давно не гнулись как положено, клавиши болели, ударяясь о них. Даня играл. Откуда-то в комнате появился сквозняк и запарусил в безразмерной фельдшерской куртке. Даня не оборачивался. Должно быть, спиной чувствовал, как парализованный пациент встал и пригласил свою старорежимную полнотелую даму на танец. Как пара, смешно и неловко наступая друг другу на ноги, кружится по комнате, создавая тот самый сквозняк. Как снег за окном тоже кружится и не хочет оседать на пыльную землю. Как машины скорой помощи едут, подсвечивая дорогу синими маячками надежды, как их моторные сердца уже давно готовы отправиться на покой, но работают, потому что экипаж где-то очень ждут. Даня сбился с такта. Раз, другой. Танцующая пара запыхалась, возраст не мог оставить безболезненными детские выходки. Книги на полках молчали. Мне показалось, что они шелестят закрытыми страницами и умоляют их прочитать. Книги были серьезные, документальные, но было в них много сказочного, потому что эти книги писались людьми. Видеокассеты на стеллаже тоже были бы счастливы сеансу кинопоказа с их участием, но проигрыватели под них давно были сломаны и обитали на свалке. Дане было больно, я видела. Все кости просили наркотика. Он переламывался ради Гули, он знал, что сорвется, физически ощущал холодное стекло ампулы между пальцами, но пока терпел — беспощадно и бессмысленно. Мелодия закончилась. Фельдшер закрыл крышку и обернулся. Пара удивленно на него смотрела, учительница, кажется, готовилась сделать какие-то замечания по технике исполнения. Никто и не думал танцевать.

Это было всего неделю назад. Неделю назад он сорвался.

— Я тогда третью ночь работал, — оправдывался он почему-то передо мной. Как будто я должна была понять или осудить. Как будто если прощу я, то и она простит.

* * *

Тетка носилась по квартире, беспорядочно скидывая вещи в авоську.

— Кружка, ложка, миска, — как заведенный повторял Даня, — тапочки, халат, телефон, зарядник, документы, полотенце.

Тетка в его инструкции не вникала и все бегала из угла в угол: кухня, спальня, ванная. Еще полчаса назад она валялась здесь же по уши в моче, не реагируя на внешние раздражители. Праведные фельдшерские руки и здесь приложились не бесследно. Откачали. От-тянули. Тетка остановилась, откашлялась и снова забегала.

— Отекает, — заметил Даня.

— С чего ты взял?

— Кашель.

— Один раз всего-то! Хрипов нет.

— Будут. 4 минуты у нас.

— Так поторопи!

— Не, пусть соберется, а то как потом. Время есть, иди в машину и приготовь все.

— Да откуда ты знаешь-то?

— Знаю. Иди.

У Дани чувство времени предельное. Работать начинает не сразу и всегда вовремя.

Через 4 минуты тетку уложили на носилки в машине. Начался массивный отек легких. В систему пошли нитраты, из баллона — кислород. Даня не спеша набирал из укладки морфин.

— В пятерку с мигалками быстро! — проорала я в ухо водителю.

— Это где? — Новенький, однако.

— Там сейчас баба умрет!

Безнадежно завыла сирена. Машина набирала скорость. Даня не чувствовал, как трясется ходовая часть, как предметы катаются из угла в угол, пока карета закладывает виражи. Он работал. Вдохновенно. Какой бы цинизм ни гнездился в его душе, как бы ни противостоял он доброму и вечному, за что-то обидевшись на мироздание, непреходящей и священной ценностью для фельдшера была жизнь. И он довез.

* * *

В пятерке все спали. Диспетчер перепутал адреса и сдуру поднял на уши реаниматологов в другой больнице. Врачи приемника всей толпой невнятно суетились вокруг каталки. Медсестра дозванивалась до реанимации, вторая пыталась разбудить санитарку, чтобы убрать лужу мочи под носилками. Тетку теряли, но нас это уже не касалось. Даня курил на улице, нервно потирая руки и шмыгая носом.

— Ты весь морфин ей вкатила?

— Полкуба осталось.

— Давай сюда.

Я допивала остывший чай из термоса и пыталась понять, чем опиаты Дани отличаются от моего кеторола или эуфиллина Костика с его давней ЧМТ, без которого он уходил в беспросветные приступы головной боли. Пожалуй, только тем, что со своей дозы он ловил кайф и что это было незаконно. Я пыталась понять, насколько прав он и виновата я и есть ли здесь за что быть виноватым. Чем дальше в ночь, тем сильнее смещались границы между должным, дозволенным и непростительным, а мораль и вовсе потерялась в темноте первой смены.

Даня затягивал на руке жгут. Рука покраснела, ярким контуром обозначились вены. Он мог ею спасти и убить. Каждую смену спасал и наверняка уже убивал. Мог поднять на ноги, воскресить, сломать челюсть, вынести дверь или занести шприцом инфекцию и сгнить так же, как и его клиенты — ополоумевшие жители общажных бараков. Да он же совсем ребенок, вдруг поняла я. Автоматы, миноискатели, игры в солдатиков, воинственное отторжение авторитетов, беспечная гениальность — мальчишество.

Усталость накрыла звенящим колпаком внезапно и со всех сторон. Можно было двигаться, говорить, выполнять осмысленные действия. Но только самое важное, без чего точно нельзя. Солнце встает на востоке. Ритм синусовый. ВИЧ передается через кровь. Изолиния. Не оставляйте детей без присмотра. Аппендицит должен подтвердиться в течение двух часов. У вас мальчик. Это не инфаркт. Они вырастут и будут другими. Жизнь — это то, что хочется защитить.

* * *

К концу месяца заведующий вызвал Даню на ковер. Про фельдшера он все знал, и все его устраивало: народа на линии так мало, что разбрасываться из-за такого кадрами не пристало, а Даня был удобным кадром. Куда и с кем его ни поставь, все ему хорошо, лишь бы коробчонка под рукой была. Но под конец месяца Даня обнаглел, а точнее, обнаглела его прогрессирующая зависимость. «40 ампул за месяц — это много», — сказал заведующий и перевел фельдшера во вторые номера, где у Дани не было доступа к картам и диагнозам. Народ продолжал с ним делиться, жалко было. Гуля собрала чемоданы и съехала.

Вышел ежик из тумана

Забота о близких или о мире —
это просто анестезия для собственной боли.
Разговор в больничной палате

Остаток поля заволокло желтым густым туманом. Глинистая жидкая грязь проползала под обувь и одежду, забивалась под ногти, засасывала на каждом рывке, от очередной неудачи тоскливо протягивая вслед тягучие бурые пальцы. Взрывов больше не было, выстрелов тоже, только в стороне еле слышно стонали. Желтоватый туман отчетливо тянул хлористым. Легкие болели, голова болела, хотелось пить. Мы ползли. В памяти существовали только грязь, свежий металлолом и химозный туман. Иногда попадались тела. Расчлененные, истекшие кровью, относительно целые. Окоченевшие и холодные, чуть теплые. Некоторые еще стонали. Челюсть свело судорогой. В завесе тумана проступили очертания очередной железной конструкции. Четыре металлических столба параллельно друг другу, ржавая сетка, переборки. Кровать. Больничная кровать с белыми чистыми простынями. Ни единого пятнышка. На постели лежит Валек. Две руки, две ноги, блестящая лысина.

— Внимание! — тонким веселым голосом объявляет Валек. — Считалочка про ежика. Вышел ежик из тумана...

Я кричу.

* * *

Я открыла глаза. Ничего не изменилось. Темнота осталась темнотой, тонкая куртка — курткой, внутренности уазика — промерзшими и тесными. И опять Валек. Согласно юнговским законам, он уже давно сгинул в подсознании вместе с целым пластом неприятных воспоминаний и периодически прорывался оттуда в кошмары. Всегда без повода. А может, сейчас повод и был. На «буханке»-развалюхе мы с утра катались по трассам, полям и дачным массивам и, кажется, только и делали, что подбирали тела, как будто по колхозам прошла война. Я осторожно разогнула спину, пошевелила конечностями. Спина болела, руки замерзли, ног не было. Хотелось пить.

— Варя, у нас есть вода? — для убедительности я постучала по переборке.

— Для инъекций! — ответили спереди резко и звонко.

Дистиллированную воду пить пока не хотелось — на вкус хуже болотной. Я закусила язык и принялась ждать, пока рот наполнится слюной. Вода. Я наклонилась над сумкой с растворами. Луч фонаря скользнул по пластиковым бутылкам.

— Я, конечно, ни на что не намекаю, — я снова постучала по переборке, — но физраствор у нас замерз. Как насчет отопления?

— Бензин экономим, — жестко ответил другой голос, низкий и пробивной. — До ближней заправки...

Как до ближнего магазина.

— Замерзну ведь! — я вложила в голос как можно больше угрозы.

— У нас тут пожар недалеко. Выйди да погрейся! — опять высокий и звонкий.

Я посмотрела в окно. Сквозь махровые хлопья метели пробивалось зарево. В другой стороне огня не было, только снег. И темнота. Очередной порыв ветра тряхнул уазик и забросил в щель горсть колючего снега. Я оттолкнула сумку с растворами поближе к печке — когда-нибудь ее да включат, — а дыру под дверью закрыла сумкой с акушерским набором, замерзнуть там, кажется, было нечему. Спина болела. От такой постели заболит. Я с сожалением посмотрела на носилки. Носилки занимала бесформенная черная масса. Она храпела и воняла перегаром.

— Михалыч, эй! — я деликатно пнула массу под предполагаемое ребро носком ботинка. — Не замерз?

— Бу-бу-бу... — поделился своими соображениями Михалыч. — Ы-ы-ы...

На Михалыче была фуфайка, кажется, довольно теплая. Забрать, что ли. Я снова толкнула переборку.

— Так и будем стоять? Там еще не скоро догорит!

— Мы не МЧС, — наставительно произнесла Варя, — в очаг лезть не имеем права.

— Что-то тебя это в прошлый раз не остановило, — проворчали с водительского места.

— Пожар без пожарных — жалкое зрелище. Пойду покурю.

— Цигарку твою сдует. Вместе с тобой.

Никого больше не слушая, я рывком распахнула дверь. Ветер услужливо подхватил лист металла и шарахнул о корпус машины. Вокруг мгновенно завертелось и взвыло, ботинки набились снегом по самые носки. Я слепо шагнула в сторону, протянула руку и нащупала скользкий полиэстер Вариного комбинезона.

— Дура, — сказала Варя, — чуть дверь не снесла. Ну пошли, поглядим на твой пожар.

Горела баня. Ярко, с треском, по-новогоднему. Из-под крыши капало черным, редкие языки пламени подхватывал ветер, вылизывая их до причудливых форм. Из дымовой трубы вылетали искры, пурга подхватывала их, кружила в едином танце со снежными хлопьями и тушила о сугробы. Вокруг бани суетились местные. Бестолково тащили ведра, лопаты, багры. Кто посообразительнее, неспешно отпинывал горящие головешки подальше от жилого сектора. Женщины просто смотрели и перекрикивались малозначимыми фразами. Пострадавших не было. Опасение вызывал порывистый ветер и непосредственная близость домов. Пожарные задерживались. На прибывшую бригаду хозяева бани посмотрели без энтузиазма и спросили, нет ли в машине противопожарных средств. Варя предложила жаропонижающую смесь. Хозяева отказались и посоветовали ехать с миром по другим неотложным делам. Однако протокол требовал дождаться пожарных. Я снова забралась в «буханку» и свернулась в самом теплом углу. Знакомые спасатели говорили, что в мороз машина превращается в консервную банку и застрявшим предпочтительнее ночевать в сугробе. Пусть так. Зато ветра нет. Вышел ежик из тумана...

* * *

В хирургии Валек прописался давно и надолго. Никто не помнил уже, почему его называли Валек, не Валя, не Валентин, почему по имени, а не по фамилии. Вальку было под 60, и почти вся его внешность состояла из одних кругов, а то, что не было круглым, стремилось к идее окружности. Круглые «бухгалтерские» очки, округлая лысина, жировые складки на боках. Не хватало двух пальцев на левой руке и правой ноги. Валек был из столяров, на профессиональном жаргоне травматологи ласково называли их «пенечками» — раза четыре в среднем за свою рабочую жизнь они попадали в больницу с ампутированными инструментом пальцами. В хирургии слесарь поселился по поводу отсутствующей ноги. Валек страдал системным атеросклерозом запущенной стадии, сосуды нижней конечности с кровоснабжением не справлялись. Современная медицина уже давно могла предложить восстанавливающую операцию, однако на Валька квоты не нашлось: Минздрав рассудил, что пенсионер без ноги более экономный вариант, чем дорогостоящая операция. А может, случай пациента оказался безнадежным для сосудистого хирурга, и причины его инвалидности носили анатомический, а не экономический характер. Как бы там ни было, а ногу Вальку отпилили, и культя не хотела заживать вот уже четвертую неделю. Валек проживал в шестиместной палате, знал весь персонал поименно и ко всем обращался на «вы», обожал народный фольклор матерного содержания, единственным цензурным произведением в его исполнении была нехитрая считалка, с помощью которой Валек определял, кто из соседей сегодня вынесет его судно. Он усаживался на постели и без тени улыбки принимался по очереди тыкать дефицитными пальцами в присутствующих:

Вышел ежик из тумана,
Выпил водки полстакана,
Посмотрел в пустой стакан
И опять ушел в туман...

Провинившийся перед судьбой усмехался или возмущался по настроению, однако утку выносил обязательно.

* * *

— Есть свет в этой организации? — Варя с истеричной силищей заколотила по двери. За забором протяжно отозвалась собака и зазвенела цепь.

— Добрый вечер, — грустно поздоровались с порога, зажигая фонарь.

— Открывайте скорее, заметет нас — сами будете откапывать! — пригрозила Варя.

В доме было натоплено. От голландки в центре комнаты шел жар. Покойник чинно возлежал на диване. Выделялись сухие паучьи пальцы на груди и острая подвязанная челюсть.

— Вы бы так не топили, — Варя подозрительно повела носом, — а то трех дней не долежит. — Она никогда не стеснялась в выражениях.

Бледная новоиспеченная вдова на замечание никак не отреагировала. Апатия. Я попыталась прикинуть стадию стресса. Почему-то все психологические теории рядом с живыми и страдающими людьми казались отвратительными. Я ткнулась носом в чашку с чаем, высматривая обстановку сквозь поднимающийся пар, а свободной рукой подвинула поближе вазочку с конфетами. Внутри все отогревалось и таяло. На улицу не хотелось. Варя выписывала данные из амбулаторной карты, напевая под нос нечто невнятное и немузыкальное. Крашеные черные волосы, крашеное яркое лицо, красный комбинезон с нашивками «скорой помощи». Уже немолодая, но пока не молодящаяся, она пребывала в том возрасте, когда количество лет при оценке внешности внезапно теряет какое-либо значение. Она знала себе цену, знала цену своей работе, выше своего места не прыгала, но и согнать с этого места ее не было никакой возможности. Она не боялась лезть в очаги ДТП и никогда не поворачивалась спиной к людям на адресах. К родственникам покойников относилась как могла корректно, а самих жмуриков будто не замечала вовсе — все, что переставало быть живым, автоматически выпадало из ее поля интересов.

— Будьте здоровы, — Варя решительно захлопнула папку и направилась к выходу. Ее чашка осталась нетронутой. Проходя мимо вдовы, Варя внезапно остановилась.

— Женщина, вам нехорошо? Разрешите давление померять?

— Диспетчеру, 147-я, с констатации, родственнице плохо, криз, оформляйте вызов. Да отцепись ты уже от чашки, кардиограмму снимай! Кардиограф выплюнул ленту стандартной длины и удовлетворительного качества. Электроника хорошая, связи с центром нет, но здесь, за городом, и передавать некому. А жаль.

— Подъем. «Флаги». Нижний отдел, перегородка.

На догоспитальном этапе диагноз «инфаркт» не ставится, есть менее понятная и менее пугающая формулировка «ОКСпST», однако объем работы от этого не меняется. В машину на носилках, впрочем, не обязательно, перед транспортировкой доступ в вену, нитраты, на болевой синдром — морфин, не потерять ампулу, до стационара дольше 2 часов — начать тромболизис, впрочем, тромболизиса не получится, Варя сама просила вечером не выдавать ей дорогостоящие ампулы, чтобы «не списывать эту хрень с кучей бумажек», аспирин, гепарин...

— Гепарин 5 тысяч единиц.

— Принято.

Вскрыть ампулу, набрать, развести, в систему.

— Стоп, — Варя без церемоний перехватывает руку. — Сколько здесь?

— Пять...

— Чего пять?

— Кубов.

— Единиц. Надо — единиц.

Молчит. Отмеряю дозу на этот раз правильно. Руки дрожат. Я чуть не убила эту женщину. Не сейчас. Работать. Гепарин. Опять гепарин.

* * *

Я делала уколы и ставила капельницы два раза в день. Сперва было страшно, затем интересно, потом скучно. Хотелось самой выписывать листы назначений и смущенно принимать коньяк из рук благодарных пациентов, а не выполнять указания врачей. Я стала ходить на обходы. Из обходов я узнала, что врачи придумывают рецепты не из головы, а тоже выполняют указания клинических протоколов или же просто списывают у коллег. И я знала, что рецепты однажды мне надоест выписывать так же, как надоели уколы и капельницы.

Я подошла с лотком к постели Валька и откинула край одеяла, по привычке отведя взгляд. Меня уже давно не смущали открытые раны и голые тела, но конкретно на Валька почему-то смотреть не хотелось.

— Почему вы не смотрите? — Валек доброжелательно улыбался. — Смотрите, если вам нужно.

Я промолчала. Обработать спиртом, уколоть, ввести, выкинуть шприц. Мозг уже давно перестал заниматься глупостями вроде проекции боли на собственное тело или рвотных рефлексов в ответ на не особо приятные запахи, но упорно заставлял бросать контрольный взгляд на собственные ноги при виде заживающей культи.

— Я вам всем очень благодарен, — продолжил Валек и внезапно погрустнел, — только, пожалуйста, не надо меня жалеть. Я просто хочу жить, понимаете?

* * *

Типовая полукирпичная развалюха с набором хозпостроек и здоровенным двортерьером на цепи освещалась единственным скрипящим на ветру фонарем. Внутренний интерьер тоже не выделялся оригинальностью, пациентом оказалась невесомая на вид старуха, занимавшая низкую лежанку возле печи. Дыхание самостоятельное, реакция на боль есть, речевого ответа нет, кома. Здесь чаи распивать не получится.

— Что случилось?

— Отравилась грибами.

— Какие грибы?

— Мухоморы.

— Какие?

— Обычные. С красными шляпками... в крапинку.

— И как же вы их отличить не смогли?

— Да мы собственно... Отвар готовили.

— Бабушка наркоманка у вас? Или жилплощадь не поделили?

— Что вы, как можно... У нее рак, понимаете? Она попросила. Говорят, помогает.

— Кто говорит?

— Медсестра в районной больнице. Она и рецепт записала, хотите посмотреть?

«Два гриба варить в 500,0 воды на медл. огне до 1 стакана жидкости, отдельно сварить обычный суп-вермишель (картошка лук морковь), на порцию добавить ½ стакана грибного отвара».

— Ясно. Где же вы в декабре мухомор-то нашли?

— Она же и передала. Медсестра то есть. Мы-то не хотели, как-то это опасно, но бабушка настаивает. Это серьезно, да?

— А вы как думаете?

— Варя, дыхание падает.

— Кислород тащи.

Кислорода в баллоне оставалось совсем немного. До больницы должно хватить. Медсестра или совсем чокнутая, или родственники что-то попутали, или с бабушкой проблемы... Рак, похоже, инкурабельный, может, наркотиков не хватило...

— Вы думаете, мы ее убить хотели? — кричит вслед отъезжающей машине дочь. Ее босоногая тень закрывает половину двора, раскачиваясь под скрипящим фонарем. — Мы же люди! Не бывает так, чтобы не лечилось, всегда чем-то лечится! Она просто хотела жить, понимаете!

...и опять ушел в туман.

* * *

Окно в конце коридора выходило на крышу соседнего здания. Некоторые дежуранты бегали туда курить, накинув больничные одеяла поверх хирургических костюмов. Специально для курильщиков санитарки застелили половиком подоконник и держали рядом с выходом ватник на случай холодной погоды. Я тогда еще не курила, но к окну подходила регулярно, в него всегда можно было наблюдать что-нибудь интересное: рассвет с левой, закат с правой стороны, жирных голубей, туповатых воробьев и умных ворон на крыше. Из окна открывался вид на проезжую часть, подъезд к приемнику и больничный двор, и везде имелись следы жизни во всех ее гранях и проявлениях. В тот вечер из окна наблюдались: бригада дорожников в ярких жилетках, бесконечный поток машин, инертная мохнатая живность возле морга, две скорые напротив приемника, лежбище местного неуловимого бомжа на крыше и Валек. Валек стоял на краю с сигаретой в зубах, опасно балансируя на одной ноге. Костыли валялись в стороне. Как он выбрался на крышу на своих дефектных конечностях и что там забыл, с ходу понять не удалось. Я перелетела через окно, забыв про ватник и сквозняк в отделении, подбежала к краю и схватила Валька за локоть.

— Ты что здесь делаешь?

— Курю. Да отпустите вы, в самом деле!

Я оттащила Валька на безопасное расстояние. Внезапно стало холодно.

— Что ты там забыл? Разбиться захотел?

— Я всегда здесь курю. Что вы так перепугались? Вы... да вы, наверно, думали, я спрыгнуть решил?

— Похоже на то. Зачем так близко к краю? Ты же не удержишься на... — я оборвала фразу и, не зная, как закончить, перевела взгляд на костыли.

— Ой, надо же, я и забыл. Будьте добры, подайте, пожалуйста... Тут, знаете, ощущения как в свободном полете...

— Вам свободный полет противопоказан. И курение, между прочим, тоже.

— А вы забавно ругаетесь. И очень легко одеты, нехорошо, простудитесь. Возьмите мой халат. Вы ведь не курите? Все равно, я был бы не против с вами постоять, только оденьтесь, а то будет как в одной...

Он стоял, прислонившись к дымоходу, снова забыв про костыли, и смотрел на заходящее солнце с каким-то первобытным интересом, начисто лишенным страха, широко раскрытыми, слезящимися и тут же высыхающими на ветру глазами. И солнце его не слепило.

* * *

— Твою мать! — водитель резко ударила по тормозам.

— Что такое, Наташенька? — сонно пропела Варя с соседнего сиденья.

— Понавылазеет живности, — Наташа добавила еще пару крепких выражений и тяжело замолчала.

— Сразу видно — любитель. К тому же — женщина, — закатила глаза Варя.

— Есть у нас тут один — мужчина! К тому же — профессионал! — в тон ей ответила Наташка. — Вон, на носилках катается, Машку развлекает.

— Ды-а! — многозначительно оповестили сзади.

— Молчи, пугало!

— Наташа, кого мы раздавили?

— Да кто ж знает, енот или алкаш. — Наташка врубила дальний свет и внимательно вгляделась в заснеженную трассу. — Ежик. Кишки наружу.

— Зимой ежи по трассе не бегают, — возразила Варя.

— А кто же тогда? — каждый вздох у Наташи получался тяжелым, как будто вся ее беспросветная жизнь наваливалась вместе с этим вздохом.

— Ты шофер, тебе виднее. Эх, Наташенька, — снова затянула Варя, — что ты на линии забыла, скажи мне?

— А что, мне бухарика с вами одного оставлять? — грубо поинтересовалась Наташа.

— Отписали бы, — пожала плечами Варя.

— Опять месяц без зарплаты? — габаритная фигура за рулем завозилась, устраиваясь поудобнее. — Если мне не на что жрать еще будет, я совсем озверею, и тогда все — тушите лампочки.

— Допустим, — Варе как будто стало неловко, — и зачем это чудище ночь с нами катается? Перед пациентами неудобно!

— Перед какими... Пациенты все в городе, а здесь так — отходящие. И как я, по-твоему, его одного оставлю?

— Повезло с тобой мужику, — восхищенно отметила Варя.

Увидев в начале смены на водительском сиденье женщину, я удивилась. Женщина за рулем кареты 03, как и маршрутного такси, — не то что не принято или запрещено, просто — нет. Наташка представилась как жена нашего бригадного шофера, Михалыча. Рослая, мощная, Наташка перешагнула рубеж возраста, в котором мужская половина семейства частенько спивается и жена начинает долгую и тщетную борьбу за своего мужа и семейный бюджет. Михалыч пьянствовал краткими алкогольными забегами, через смену его снимал с линии бригадир. Произведя нехитрый подсчет, в одну из ночей, когда водителя поставили в «областную» смену, подальше от переполненного гайцами и линейным контролем города, Наташка явилась на парковку, закинула Михалыча в багажник и поделилась с Варей своим планом: Михалыча она за руль не допустит, службу будет нести сама, а на случай чего — вот он есть в наличии, а пьяный или какой, пусть уж сам за себя тогда отвечает. Варя понервничала и согласилась.

Машина уже пять минут стояла с выключенным движком, салон снова начал промерзать. Бесполезная нагрузка на носилках завозилась, дохнула перегаром и выдала совершенно членораздельно:

— Ежей давить нельзя.

Я который раз за эту безумную смену полезла к двери.

— Я на перекур!

— Занесет! — снова пригрозили спереди.

Но больше сидеть на месте было невыносимо. От Наташкиного мужика распространялось амбре, спина затекла, а через лобовое стекло отчетливо просматривались подсвеченные фарами звериные внутренности неизвестной видовой принадлежности.

* * *

Заброшка на краю города казалась идеальным местом для съемок фильма ужасов или проведения квестов аналогичной тематики, но единственным режиссером, решившим отыграть здесь финальный акт чьей-то трагикомедии, оказалась жизнь. Безжизненное тело крайне неаппетитного вида расположилось на полу с классической петлей на шее, кусок кабеля вместе с обрывком веревки угрожающе скрипел, раскачиваясь на сквозняке.

— Классика, — озвучила мои мысли Варя. — Что делать будем, доктор?

— Все зависит от того, — я старалась говорить взвешенно, — жив пациент или мертв.

Варя натянула на руку перчатку и со знанием дела основательно дернула покойника за ухо.

— Мама, — отчетливо произнес новопреставленный и сел.

— Ну и? —устало спросила Варя, открывая папку и принимаясь писать. — Какой протокол?

— Постреанимационные мероприятия? — неуверенно предложила я.

— Дура, — отчеканила Варя.

— Это вы? — парень переводил мутные глаза с петли на обрывок кабеля.

— Дурак, — так же веско дополнила Варя. — Вешаться надо нормально.

— Это все вы! — завопил парень, вскочил, упал и снова поднялся, шатаясь. — Зачем мешаете? — Он постоял, тяжело дыша и быстро оглядываясь слегка фосфоресцирующими глазами, и достал из кармана складной нож.

— Спокойно, юноша, — Варя сложила листы в папку и убрала ее за спину, — никто вам не запрещает, вешайтесь на здоровье! Не в присутствии скорой помощи! Проследуйте с нами в больничку, а там хоть в клизменной утопитесь!

Щелкнуло лезвие. Парень неуверенно шагнул навстречу. Голове и животу сразу стало холодно, а конечности, наоборот, потеплели. Это хорошо. Так и надо.

— Послушай, — сказала я. Кажется, голос не дрожал, и это тоже было хорошо, — не надо было вешаться при свидетелях. Будь мужиком, захотел умирать — умирай. Вот у тебя нож в руке, возьми да убей себя, чего на скорую лезешь? Мешать не будем, обещаю.

Мальчишка остановился и даже приобрел слегка осмысленный вид. Посмотрел на Варю, затем на нож, как будто впервые его увидел, уселся на пол и зарыдал.

— А могло бы херово закончиться, — задумчиво резюмировала Варя, втаптывая окурок в снежную грязь. — А если бы он себя пырнул?

Я молча пожала плечами.

— Неплохо. Неужто Машка смогла бы убить человека, а?

— Смогла. Бы.

* * *

Гололед на улице предвещал тяжелую смену для травматологов. Хирургии, кажется, ничего не грозило, разве только кто-нибудь налетит на штырь с проникающим или случится другое редкое невезение, а вот мне вылететь на больничный совсем не хотелось. До работы я добиралась с черепашьей скоростью, придерживаясь за заборы, кусты, стены и джентльменов-прохожих. На подходе к стационару все-таки не удержалась и, станцевав впечатляющий брейк-данс, влетела головой в дистрофичного медбрата Витюшу, совершавшего утренний променад с сигаретой. У Виктора был хронически несчастный вид и напоминающая гнездо прическа из не мытых неделю волос. К концу суток я буду выглядеть не лучше.

— Осторожно, — сказал Витюша, помог мне перейти в вертикальное положение и надолго замолчал. — Ночью вашего к нам перевели, — наконец подобрал он тему для разговора.

«К нам» — это в реанимацию. Мне стало интересно.

— Кто?

— Не знаю. Мужик одноногий. Культя такая страшная.

— И как он?

— Под утро запаковал, — Витюша кивнул в сторону больничного морга. — Геморраж.

Я пожала плечами, пожелала «какой-нибудь» смены и поднялась к себе в отделение. Не было ни больно, ни обидно, ни жалко. Как будто в первый раз. Захотелось посмотреть в лист назначений. Валек сидел на антикоагулянтах, кровоизлияние в мозг — редкое, но в каком-то проценте неизбежное осложнение терапии. Вчера уколы делала я. Сменщик записал назначения в журнал и ушел курить. Сколько там было единиц? Если это просто побочный эффект, если это вообще не связано с лекарствами, то почему мне неспокойно? Если только я ошиблась с дозировкой, с гепарином такое бывает: во флаконе 5 мл и 25 тысяч единиц, суточная доза 1 мл — 5 тысяч... Можно перепутать. Ну я же не первый день работаю! Воспроизводимой памяти как таковой не существует. Каждая попытка вспомнить — очередная итерация предыдущего воспоминания. Считалочка, поставленная на повтор.

* * *

— Хреновый триллер получается, — заметила Варя, когда машина подкатила к воротам поселкового кладбища, — конец смены, финальный акт — у могилы утопленницы.

— Эй, есть кто живой? — Наташа громко и раскатисто засмеялась своей шутке и вдавила кнопку сирены, одновременно запустив проблесковые маячки.

От организованной светошумовой диверсии проснулся в первую очередь благоверный Натальи и попытался проникнуть за дверь. Метель уже стихла и мешать номинальному водителю я не стала, лишь проследила, чтобы выбранный им сугроб находился в тихом, затемненном и недоступном для детей месте. Тем временем из сторожки выбрался кладбищенский сторож среднеарифметической внешности — ватник, валенки, седая жесткая борода, огромные линзы на носу.

— Что, дед, покойникам нездоровится? — завопила Наталья и снова неприлично заржала, открывая дверь.

— Идите пешком, — неопределенно махнул рукой дед, — прямо по тропинке, направо менты с фонарями, вы увидите. А машина не проедет.

— Как же так, а вдруг сплохеет кому? — не удержалась Наташка.

— Натаха, отстань от человека, — скомандовала Варя, и мы пошли спасать мир.

Милиция с фонарями обнаружилась не справа, а слева и была представлена одним несчастным лейтенантом, пугливо переминающимся с ноги на ногу на краю свежевырытой могилы.

— Родная милиция не уберегла от зомби-апокалипсиса? — крикнула Варя на подходе, дабы не испугать парнишку тихим и внезапным появлением.

— Да вот, — лейтенантик грустно светил фонарем в могильную тьму, — не знаю, что делать. Забрался себе и спит. А молодежь беспокоится.

— Живой? — деловито поинтересовалась Варя, тоже направляя свет вглубь могилы. На дне лежал гражданин асоциального вида и заливисто храпел.

— Даже здоровый, — подтвердил лейтенант.

— А мы тогда при чем? — для проформы уточнила Варя. И так было понятно.

— Чтобы разобраться, — опять вздохнул парнишка. — Что делать-то?

— Наверное, его надо вытащить, — предположила Варя.

— Кому?

— Вам. — Варя достала папку и расположилась на оградке. — Маш, а кто такой Валек?

— Что? — я постаралась обернуться помедленнее и вцепилась пальцами в снег. Холод помогал реагировать.

— Ты мне уже три бланка испортила, «Валек» да «Валек»... Влюбилась?

— Нет. Так, мужик один.

— Мужик? И что с ним?

— Умер.

Из могилы послышался невнятный стон.

— Уберите свет! Что, уже утро? Ой, как вас много... Один, два, три, четыре, пять... Вышел ежик погулять... Девушка, у вас не найдется пустого стакана?

Я посмотрела за спины присутствующих. Сквозь грани света фонариков уходили бесконечные кресты и звезды, а на далеком горизонте, обозначенном полоской зари, темнел лес. Варя что-то уточняла у лейтенанта, парень уточнял какие-то данные у Вари и неуверенно интересовался насчет телефончика, Варя продиктовала ему «103», а после настойчивых просьб выдала номер областного психдиспансера — то ли парень и вправду беспокоился о протоколе, то ли Варя ему понравилась; контуры оградок и памятников мерцали, что-то атмосферно и к месту поскрипывало на ветру, из могилы доносились вопли и народный фольклор, а на подступах к лесу от стволов отделялись множественные мелкие тени и ползли вслепую прочь — на шум и пятна света, на оживленную трассу, где теряли внутренности, лапы, хвосты и иглы и все равно продолжали ползти и тянуть оборванные конечности к неполным стаканам, раз и навсегда решая проблему оптимистов и пессимистов, судьбы и разума, формы и материи; подносили зажигалку к прокуренным беззубым ртам и выплевывали остатки свободы и легких под балконы; замерзали в снегу и грязи, тряслись в развалюхах скорой помощи и спрашивали у фельдшеров пьяными плачущими голосами «вам ведь все равно?», и лучшей альтернативой молчанию было сдержанное «да»; теряли спины, глаза и пальцы на заводах и в мастерских, искали помощи, ждали помощи, не надеялись на помощь, хотели просто жить или просто умереть, и умирали по глупости или недосмотру, и чему-то учили каждого неприспособыша, а неприспособыши учились на них. Хотелось сойти с ума. Совсем перестать за что-либо отвечать и просто заорать обо всем этом в звенящую темноту, и пусть Варя невозмутимо набирает диспетчера, чтобы сообщить, что у второго номера поехала крыша, а лейтенант недоуменно светит фонариком в незамолкающий рот. И я знала, что ничего этого не будет. Не было ни галлюцинаций, ни паники, ни отрыва от реальности, и ответственность никуда не делась.

— Да что это с тобой?! — Варя встряхнула меня за плечо и без колебаний положила руку на лоб. — Поплыла. Пойдем в сторожку греться, и надо тебя чем-нибудь полечить.

В сторожке было холодно по углам и жарко возле обогревателя. На подоконнике горела свеча и капала воском на раскрытый Псалтырь. Оттаявший физраствор стекал по вене, чай был с душицей и заманихой, Варя о чем-то тихо беседовала со сторожем, Наташа тихо могла только спать, и то только когда не храпела, водитель отмерзал на коврике у двери, а за окном был лес, кладбище, живые и мертвые ежики и что-то еще неприятное и страшное, и все это было совершенно неважно.

— Говорят, у всех врачей такое вот, — сторож неопределенно обвел рукой окружающую территорию. У них с Варей в кружках был явно не чай, и в кружки доливали не единожды.

— Да, бывает, — пожала плечами Варя, — кладбище. Только у нас оно... на колесиках. Знаете, тут ничего необычного нет, это все тот же скелет в шкафу, только в шкаф не влезает со временем. А бывает очень часто, что и непонятно — твой или не твой, и понять никогда не сможешь, и все равно к себе тащишь, на всякий случай. Это хорошо, это даже полезно, главное, чтобы не перепутались...

Живые и мертвые.

Перевозчики

— Мальчик шести лет поел «Растишки»...
— И?
— И не вырос.

Диалоги скорой помощи

«Красивая Женщина Злее Черта»... «Черт Злее Красивой Женщины»... Черт, женщина соображай быстрее! Мнемоническое правило старой школы — цветовая кодировка расположения электродов на теле пациента справа налево: красный, желтый, зеленый, черный. Я еще раз изучила электроды. Два красных, два желтых, один почему-то синий и какой-то серо-буро-малиновый.

— Чего ты там возишься? — Рафик недовольно оторвал взгляд от карты вызова.

— Из чего собирали этого Франкенштейна?

— Из других кардиографов, а что не так?

— Я не понимаю маркировки.

— Да тут все то же самое почти! — Первый номер за пару секунд распутывает провода и переклеивает контакты. — Этот красный — желтый, этот желтый — зеленый, а этот синий — черный, понятно?

— Нет.

— Отлично, снимай кардиограмму быстрее.

— Я не могу, он умер.

— Кто? — Рафик испуганно смотрит на пациента.

— Кардиограф.

— Господь во Христе, подключись к сети!

Однако аккумулятор, несмотря на попытки реанимации, издох окончательно, и многострадальный аппарат, проживающий уже седьмую жизнь, наконец-то покинул круговорот Сансары.

— Ну и что нам теперь делать? — в голосе фельдшера ни испуга, ни паники, так, легкое любопытство. — Так, ладно, Маш, слушай: венозный доступ, амиодарон в шприце и вводишь по моей команде медленно. Всем заткнуться!

Фельдшер прикладывает мембрану фонендоскопа к груди пациента, я выключаю телевизор, стараюсь дышать пореже и двигаться поменьше, обнаглевший кот британских кровей непозволительно громко обдирает когтями обшивку дивана. Хозяин осуждающе смотрит на него, и кот, презрительно выгнув спину, покидает помещение. Рафик внимательно прислушивается к богатому внутреннему миру больного. Я тоже ощущаю движения сердца, частые удары проводятся из-под кожи на плотно прижатую иглу.

— Вводи. Медленно. Быстрее. Стоп. Еще. Хватит. Частит. Быстрее. Медленно. Стоп! А, нет. Отпустило. Нет. Еще. — Пульс на конце иглы замедляется. — Все, выходи из вены. Глубокий вдох, задержать дыхание, напрягите мышцы пресса. Выдох.

На лице Рафика отсутствует какое-либо выражение, он весь там — в еле слышных шорохах ошалевшего сердца. Господи, да кто сейчас пользуется этими фонендоскопами! В Москве выездные бригады укомплектовали портативными УЗИ-сканерами, за рубежом даже компактные томографы уже есть, а у нас издох столетний кардиограф, и единственное, на что ты можешь положиться, это твои глаза и уши. Впрочем, и они тебя однажды подведут.

— Приступ купирован. Выздоравливайте.

* * *

На городскую станцию Рафик прибыл с периферии. Я смутно представляю, как должны выглядеть места, которые даже по отношению к нашему захолустью называют периферией, но Рафик рассказывает, что там фельдшера работают одиночками и за сто километров возят инфаркты в областной кардиоцентр на экстренную операцию. Они там многое умеют по уверениям Рафика, а здесь фельдшер получает высшее образование на первом курсе медицинского. Высокий, двадцатипятилетний, помесь татарина и башкира: глаза и волосы светлые, рельеф лица тонкий, хищный. У него широкая асимметричная улыбка и лицо, несмотря на хищность, доброе, у выездных таких лиц не бывает. Сегодня мы работаем на желтой спецмашине БИТов — реаниматологов мало, фельдшеров много, а машины стоять не должны.

Мы подбираем отмороженного бомжа с площади Кирова. В руках у обросшего краснолицего деда половина батона, добрые люди угостили бездомного чем бог послал, вызвали скорую и смылись в неизвестном направлении.

— И куда нам его?

— Социальная служба? — неуверенно предлагает водитель.

— Нет у нас таких.

— Вытрезвитель?

— И этого не придумали еще.

— Может, полицию?

— Они не приедут.

— Давай в дежурную терапию, как обычно. Пусть погреется в приемнике.

— Мы туда сколько уже сегодня отвезли, нам же красную карточку выдадут!

— Пусть не выдают, по зиме всегда полный приемник бомжей.

— Доктор, я что-то ног не чувствую!

— Отморозил, дедуль. Сейчас погреешься.

В приемном отделении дежурной терапии инсультнику негде упасть — каталки, кушетки и теплые углы заняты бомжами, алкоголиками и прочим асоциальным сбродом. Медперсонал забаррикадировался в служебном помещении и периодически высылает санитарку разогнать тряпкой почти осязаемое облако вони. Прибывшая с обострением холецистита женщина «из приличных» затравленно оглядывается по сторонам и явно жалеет, что не отказалась от госпитализации.

— Давай, Маш, носилки, он, кажется, идти не может.

— Еще как может! Подъем, уважаемый, лапками перебираем потихоньку. Куда, интересно, тебя положить? — Словно по команде обитающий на кушетке алконавт совершает неудачное телодвижение и тяжелым мешком скатывается на пол. — А вот и место освободилось, присаживайся!

— Кого привезли? — дежурный терапевт в двух масках осторожно выглядывает из-за двери.

— Все те же лица, доктор. Отогреется и уйдет, можете не смотреть.

— Нет уж, я посмотрю, может, он и не живой уже. Ага, вижу. Все в порядке, езжайте. — Врач расписывается в карте вызова. — И чтобы больше вас и ваших бомжей! Нашли, понимаешь, санаторий. — И исчезает за дверью.

— Ну вонища! — водитель открывает нараспашку все двери и на полную мощность врубает вентиляцию. — Помывку бы взять, а?

«2410, нам помыться». «Решение... Вернуться на подстанцию».

* * *

Временами мне кажется, что восстание машин — это вовсе не атомная война. Это разряженный дефибриллятор, черная сумка с трупом кардиографа в салоне и упавший сервер рабочей сети для связи с диспетчером.

— Сегодня зовите меня радистка Кэт, 2410 свободны! — ору в скрипящий помехами передатчик.

«Бригада, примите вызов. Адрес... Номер... принят... передан». «Мы поехали».

Мужчина средних лет, избыточной массы, лысый, покрасневший и потный от одышки, задыхается после запоя, давление 140, сатурация 92.

— Померять глюкозу?

— Расходников нет, одна тест-полоска на сутки. Оставь. Что у нас с кардиограммой? Ого, надо же, работает! Поменяла, что ли?

Молча демонстрирую обмотанный проволокой электрод заземления.

— Молодец, студент, он нам сейчас понадобится. — Фельдшер снимает длинную полоску записи и оставляет кардиограф в режиме постоянного мониторинга, настраивая параллельную запись в память аппарата.

— Тахикардия?

— Трепетание. Пульс 250, амиодарон в систему, аспаркам в шприце и в машину за носилками, не забудь дефибриллятор.

— Стрелять будем?

— Пока не знаю. Вы поедете в больницу, — это уже пациенту.

— Я не...

— Никаких не. И не вставать.

Бегом спускаюсь вниз, забираю носилки и сумку со всякой полезной мелочью, вдруг все-таки качать придется.

— Ружье забыли! — кричит шофер и бросает мне сумку с дефибриллятором. Водитель опытный, сообразил, к чему готовиться, подъезжает ближе, выкатывает носилки на колесах, подключает питание к электросети в салоне. Лифта нет, пять этажей туда, пять — обратно, вся снаряга в сумме килограммов на семь потянет, может — меньше, но в квартиру вваливаюсь с одышкой. Пациент продолжает отказываться от госпитализации.

— Да у меня всегда на похмелье сердце частит, пару рюмок — и как новенький!

— Пару рюмок — это мне и вот — доктору для храбрости, а вам таблетку под язык и молитесь, чтобы наши препараты на ваш алкоголь не дали остановку сердца. — В мутном мозгу мужчины что-то проясняется, и он затихает под напряженный писк кардиографа.

Я открываю систему на полный ход, раствор льется струйно. Без эффекта. Рафик вводит в катетер аспаркам, на минуту пульс урежается и снова подскакивает до тех же цифр.

— Может, реанимацию вызовем?

Рафик задумчиво смотрит в окно на нашу желтую машину со спецсигналами.

— Мы и есть реанимация, Маш, — со вздохом отвечает он. — Магнезию в систему... Черт, не сюда, в другую! А, уже неважно... «Але, старшему врачу, 2410, аритмия не купируется... да, знаю. Да, понял. Але, диспетчеру, это Рафик, задержимся, транспортировка невозможна. Принято. Врачу ЭКГ, вам там телефония с 32-го кардиографа... И предупредите реанимацию в кардиологии, сейчас поедем». Носильщиков искать надо, не унесем вдвоем кабана.

— Да я сам... — хрипит больной, придавленный прессом сумасшедшего ритма.

— Сам ты уже допился, — беззлобно отмахивается Рафик.

В подъезде находим пару добровольцев, тоже в подпитии.

— Я с ними не пойду! — возмущается пациент. — Их же ноги не держат, уронят вместе с носилками — еще ребро сломают!

— Хотите, чтобы я вам ребро сломал? — равнодушно интересуется Рафик.

— Это зачем еще?

— Ребра не сломаны — реанимация не эффективна...

Я спускаюсь по лестнице, нагруженная тремя сумками и папкой с документами, за мной бригада помощников едва перебирает ногами, пошатываясь на сквозняке, сзади Рафик с электродами, «стрелялки» наизготовку. У подъезда один из носильщиков поскальзывается, роняя носилки вместе с напарником, Рафик, чертыхаясь, обрушивается на них со своим аппаратом, катетер слетает с предплечья, темная дорожка венозной крови лениво стекает по обледенелому асфальту. Вместе с непрерывно матерящимся шофером грузим пострадавшего в машину, кровь продолжает стекать на носилки, я бросаю попытки наладить доступ и ору бригаде: «Готовы, едем!» Рафик благодарит добровольцев, и машина с ревом сирены срывается с места.

На ходу цепляю на палец пульсоксиметр, прибор ловит помехи и выдает какие-то дикие цифры, там же ИК-датчик, а пальцы холодные... сжимаю бледную конечность в своих руках, согреть надо, 50, 60 ударов, что за бред, никакой техники, глаза, уши и пальцы, соскальзываю пальцами на запястье, ловлю пульсацию лучевой артерии. Нитевидный.

В приемном покое дежурный кардиолог делает отчаянную попытку отписаться от ночной проблемы.

— Задыхается? Это не к нам, это терапия... Алкоголь? Точно не к нам, токсикология! Понаберут по объявлению...

Рафик подносит кардиограмму вплотную к сонному недовольному лицу.

— Трепетание предсердий? Вижу, — соображает доктор. — «Мерцалка» в анамнезе? Почему катетер слетел? Амиодарон 450 влили? А, вы же фельдшерская, о чем с вами...

— В карте распишитесь, пожалуйста. До свидания.

* * *

Рафик — экстремал. Адреналиновый наркоман, как и я, как и многие из наших. Другие у нас не задерживаются. Сегодня смена для него удачная, вызова интересные, а когда работа не богата на серьезные случаи, Рафик берет ружье и уходит в лес, пострелять зверушек.

— Мне скучно! — вопит Рафик в трубку. — Надоела эта поликлиника! Крови хочу, мяса! Есть у тебя что посложнее?

— Секунду, — длинный выдох, стук пальцев по клавиатуре, — ну, смотри, есть боли в сердце и маточное кровотечение, оба срочные, что возьмешь?

Рафик внезапно уходит в глубокую задумчивость.

— Ну же, ваш выбор!

— Что, трудно быть Богом, а? — мне почему-то становится смешно.

— Были бы мы богами, нам не пришлось бы выбирать. Давай кровотечение.

* * *

40 лет, срок беременности 30 недель. Стоит на полусогнутых, в подставленный таз струей льется темная кровь со сгустками. Коагулянт по вене, тряпку между ног, в дежурный роддом. В роддоме очередь, сегодня они дежурные по неблагополучному району, и везут им всякую шелупень, что на учет вовремя не встает и семью как следует не планирует. Роженицы в схватках издают дикие звериные звуки. На кушетку с боем прорывается решительная низкорослая женщина.

— Куда без разрешения?

— Я рожаю!

— Тут все рожают!

— Мне больно!

— Мне тоже!

— Рожайте по очереди, пожалуйста! — сходит с ума медсестра.

— Ой, он пошел!

— Куда пошел? Вы куда пошли? Никто никуда не идет!

Дежурный гинеколог опытным взглядом цепляет решительную из толпы и укладывает на кресло. Между ног жгутом болтается выпавшая ручка.

— Операционную быстро.

Роженица продолжает вопить.

— Пойдем отсюда, нехорошо мне. — Рафик выходит на воздух и достает сигареты.

— Какие же они все-таки... мясо.

* * *

В квартире кучи грязного белья, тараканы и жилая вонь. Типичный наркопритон. Ищу более-менее чистую поверхность, пристраиваю папку на гладильной доске. Растрепанная анорексичка с мраморной кожей протягивает тарелку со сгустками крови. Рафик мельком смотрит на нее и льет в тарелку перекись. Кровь сворачивается и шипит, пахнет ржавчиной и яблоками. Раз яблоки — скоро откинется. Печень увеличена, семь сантиметров под краем реберной дуги.

— Глюкозу?

— Нет, не время.

С балкона выползает крупный полуодетый мужчина, похоже, сожитель. Взгляд соскальзывает на предплечья. Тоже наркоман.

— А что это вы? — расплывается в зубастой улыбке. — Кто вызвал? Она? Ты чего, мать, умираешь?

— Кровью блюю второй день, — цедит сквозь зубы женщина, — не видишь?

— А это... тебе. В больничку. Вот.

— Не поеду! — визжит анорексичка.

— Жэ-Кэ-Ка Вэ-эР-Вэ-Пэ. Вы умрете, — сообщает фельдшер. — Надо в больницу. Сейчас.

— Подожди, — соображает сожитель, — это вот сейчас... серьезно?

— Печень отказала, — пожимает плечами Рафик, — цирроз.

— Врете! — опять женщина.

— А вы потрогайте правый бок себе.

— Мм... Не поеду. Там лампочку глотать... Фу.

— Мне все равно. — Рафик поднимается. — Подпишите отказ, и я поехал.

Из коридора в комнату заглядывает улыбчивая ребячья физиономия. Господи, еще и ребенок. Почему он здесь?

— Что, хочешь, чтобы мама умерла? — фельдшер делает последнюю попытку. Рафик, зачем, какое тебе дело, не надо так.

Физиономия еще шире растягивается в улыбке и исчезает за дверью.

— Она еще поживет, — говорит Рафик, — недолго, но многовато для наших прогнозов... Хорошая наследственность — это резерв.

* * *

На станцию в обеденный перерыв лениво сползаются линейные бригады. Смуглолицый медбрат с труднопроизносимым именем и кличкой Микроб выписывает морфин под диктовку первого номера.

— Мною, эм-бэ эМ-А... введен...

Микроб пишет старательно, высунув язык, но буквы и цифры путаются от недосыпа и никак не попадают в строчку.

— «Морфин» через «о» или «а» пишется?

— Проверочное слово «морфий»!

Серега тяжело и неподвижно сидит за столом, агрессивно глядя в стену.

— Что случилось?

— Ребенок. Плитой придавило. Не спасли. — И уходит досыпать.

Костик с Алсу обсуждают завтрашний поход в магазин, надо бы прикупить посуду, а то в прошлой ссоре Алсу всю перебила.

— Пластиковую возьмем, — решает Костик.

— Так не интересно! — капризно надувает губы Алсу. — А что мне бить, когда мы ругаемся? А почему мы ругаемся? — внезапно задумывается она.

— Потому что парень у тебя дебил, — Костик сгребает наманикюренную ладошку широкой мозолистой лапищей. На его лицо наползает нежное дурацкое выражение.

Любитель ночных заумных разговоров, Айдар излагает мне свою философскую доктрину:

— У деградации два направления: расширять свою тупость до безграничности или сужать свои границы до отупения...

— Иди в жопу, Айдар, я спать хочу.

В темном коридоре меня подхватывают за локоть чьи-то цепкие пальцы и деликатно оттаскивают за угол.

— Маш, вы же трамадол списали?

— Ну?

— Ты ввела?

— Больной отказался.

— Отдай его мне. Пожалуйста.

— Передоза не боишься?

— Я что, придурок малолетний? У меня медицинское образование!

Лежу на узком диване, укрывшись тонким колючим пледом. Спать не хочется, сейчас все равно вызовут. На улицу неохота, там холодно, грязь, гололед, а на станции тепло, жесткий диван и уютная вонь натруженных фельдшерских ног. За окном вопит сигнализация, слышны хриплые лающие звуки. Я представляю, как Рафик курит на парковке и кашляет между затяжками, сплевывая на асфальт. Внезапно свет фонаря перекрывает разлапистая тень. Костик. Отрывает от дивана, сгребает в охапку. Я высвобождаюсь из неуместных объятий.

— Зачем? — шиплю.

— Мне надо. — И уходит в непроглядную темень.

«Седьмая на вызов!» К исходу суток сил уже не остается. Я не встану. Встаю. Не такие уж мы и хрупкие.

Человек умирает всегда сложно, нелепо и сложно, дико и сложно. Констатация. Водитель собрался было включить сирену для поднятия настроения, но фельдшер решительно выдавливает кнопку.

— К покойнику едем, — сухо говорит первый номер и заходится в подутреннем кашле курильщика.

***

В квартире знакомая вонь, хлам и теснота, во всех углах пустые аптечные пузырьки. На полу мертвое окоченевшее тело, рядом еще одно, живое, храпит и постанывает во сне.

— Так, здесь понятно, не наш клиент, а это что? Мужчина, подъем!

— А... привет. — Бессмысленные пустые глаза фокусируются не сразу. — А чего это с вами девушка? Красивая, да?

— Вызывали?

— А... вот. Представляете, вот обидно! Старуха моя, боевая подруга, сколько водки с тобой выпили!

— Она тоже... употребляла?

Комплекция и возраст — внезапная сердечная смерть, похоже. Лицо синюшное. Пусть патологоанатом разбирается.

— Полицию вызывали?

— Что? Зачем это?

— Пошли отсюда.

— Подождите, а ее что, не заберете?

— Мы не труповозка.

***

Снова констатация, высохшее тело с трупными пятнами на кровати. Утро. Они всегда умирают под утро. Этот, похоже, кому-то нужен, полная комната родственников. Пожилой мужчина спокойно излагает историю болезни, срывается в истерику и поспешно уходит за дверь. По протоколу кардиограмма. Розовая полоска бумаги медленно выползает из аппарата. Изолиния. Так уж устроен человек: выживает, когда от него этого не ждут, и умирает, когда от него этого не хотят.

* * *

Традиция фельдшерских бригад: после каждого странного вызова первый номер за перекуром не спеша излагает свои мудрые соображения.

— Принесли его домой, оказался он живой, — не к месту выдает Рафик, затягиваясь.

— Чего? Не понимаю.

Не отвечает. Бессмертие — это когда все вокруг умирают. Дурная наша работа подсовывает глазам бесчеловечные сцены, заставляет принимать нечеловеческие решения. Со стороны посмотришь — кучка уродов лечит других, еще более страшных уродов. По итогам профдеформации получаешь озлобленного бога, мстительного бога, шутливого бога. А Рафик был человеком. Прокуренным фельдшером с неисчерпаемым запасом шуток за 30 копеек.

— Маруся, придешь домой — не забудь помыться. От тебя трупняком и бомжами несет.

Ответить нечего. Все мои язвительные ответы он уже давно вычислил и принял к сведению. Такая игра, укуси ближнего и жди, когда укусит в ответ. И рассказывает, как ходил охотиться на вальдшнепа.

* * *

Подбираем обширный геморрагический инсульт, тащим в сосудистое, с мигалками, кома.

— Мама, молись! — Дочка, тоже уже на пенсии, красивый полупрозрачный шарфик, который должен кокетливо подчеркивать светлую челку, сбился, пока она тянется, собой прикрывая полумертвое тело одновременно сморщенной и раздутой старухи от неизбежного и неотвратимого.

Сирена больно бьет по ушам, блики от люстры отражаются в витринах.

— Там уже нечему молиться, — шипит себе под нос фельдшер, — грубая очаговая симптоматика, мозги — в кашу...

Не бог и не человек, перевозчик. Харон в лодке с синими маяками.

— Господи! Мама, молись! — Кукольная безжизненно повисшая голова блюет в заранее подготовленный пакет.

Тонкие холодные пальцы полутрупа сильно сжимают мою руку. Страшно. Нет, это просто психомоторное возбуждение, сопор. Выдираю кисть из захвата, резиновая перчатка остается в судорожно сжатом кулаке.

Сосудистый центр подтверждает инсульт, больную отправляют на тромболизис. Конец смены. Мы встречаем на крыльце приемника загорающийся рассвет.

— Как она?

— Довезли, — невпопад отвечает Рафик.

На последнем этаже ярко освещены окна.

— Там реанимация?

— Без понятия, никогда не был, — он явно чем-то раздражен.

— Она выживет?

— Об этом ты уже вряд ли узнаешь.

Цыпленки хочут жить

Согласно этикету красной зоны, если кто-то неприлично долго вглядывается в твое лицо, он усиленно пытается тебя узнать. Следует так же пристально смотреть на него в ответ до тех пор, пока один из вас не скажет «А, и ты здесь» или же молча развернется и уйдет своей дорогой.

Диалоги скорой помощи

У индивидуальной маски, кроме непосредственного назначения и массы неудобств, есть неочевидно важное преимущество — она скрывает ровно половину ваших эмоций. Можно беззвучно смеяться над мнительным пациентом. Можно замирать с гримасой ужаса, пока руки привычно и независимо делают неуловимое жизнеутверждающее «что-то». Но мы-то знаем, что уже давно научились поверх лица наклеивать непробиваемую физиономию — уверенную в себе и, кроме себя, никому не доверяющую. Не позволяющую себе тени улыбки и повода для паники. А если верхняя половина лица изолирована низко надвинутым на лоб капюшоном биологической защиты — можно наконец-то закрыть глаза.

Я проснулась по уши в воде. На носилках была лужа, и на полу была лужа, и на мне не оставалось сухого места. Вода прибывала.

— Мы упали с моста? Мы тонем?

— Нас затопили!

— Соседи сверху? — я подняла глаза и обнаружила на потолке открытый люк и красный крест, растянутый по просвету в пасмурном небе.

— Ты! Уснула в салоне и проспала потоп!

Я соображала медленно, но аккуратно.

— Это всего лишь ливень. — Я бы и не проснулась, не снеси меня течением с носилок.

— Всего лишь? Это катастрофа! Ты — катастрофа!

— Ага. — Всего-то чуть приоткрыла люк, спасаясь от духоты, кто ж знал, что ливень так быстро начнется.

Я открыла дверь. Ливень уже закончился. Парк за бортом автомобиля снова замноголюдел, играла музыка, орали дети. Неподалеку дистанцировалась бомжиха обыденной наружности и среднего вида запущенности. В бомжихе я узнала клиента.

— К вам? — я рванулась с подножки.

— Не подходи! Пневмония! — замахала руками старуха.

Я захлопнула дверь.

Внимательные руки уже протягивали мне неаккуратно сложенный комбинезон. Опять резина. Я стянула с себя форму. Приятно попариться. Сквозь налипшую ткань скафандра в движении просвечивает нижнее белье. Очень стесняюсь. Пускай. Я задержала дыхание и нырнула в душное пространство комбинезона.

Средство индивидуальной защиты одноразового применения было неоднократно постирано и зашито в нескольких местах. Нашивку «Осторожно, биологическая опасность», кажется, кто-то пытался спороть для неведомых личных нужд, но остановился ровно на середине задуманного предприятия. Я осторожно сделала вдох. В голову ударил запах термоядерной дезинфекции и пота от множества разлагавшихся в этой упаковке тел. СИЗ, как обычно, оказался на несколько размеров больше моего. Я подтянула штаны, рукава прихватила пластырем и намертво примотала к первой паре перчаток. За полгода пандемии все движения давно отработаны. Надеть вторую пару перчаток. Волосы под хирургическую шапочку. Наклеиваю на нос полоску пластыря. Первым слоем марлевая маска. Вторым — респиратор FFP2 из собственных запасов. Со станции респираторы пропали туда же, куда и все, чего нет. Натягиваю капюшон, молнию заклеиваю еще одной полоской пластыря. Поверх всех слоев очки. Отверстия заклеиваю. Одно оставляю под конденсат. Бахилы на ноги. Провожу рукой по лицу, проверяю на герметичность швы.

— Ты со мной?

— Не пойду. Кто-то должен убрать воду.

Открываю дверь и выхожу в пространство. Детский крик внезапно прекращается. «Будешь капризничать, я тебя вон тем пришеленцам отдам!» Народ разворачивается и спешит к выходу из парка. Бомжиха терпеливо ждет. Очки мгновенно запотевают. Звуки снаружи продираются через два слоя изоляции. Маска прилипает к носу и не дает сделать полный вдох. В глазах темнеет. Сейчас пройдет.

— Где вы живете?

— Да здесь же!

— И давно?

— Лет тридцать.

— Сколько дней температура?

— Три дня.

— А кашель?

— Неделю мокрота отходит.

— Кто заразил?

— А кто же их на скамейке...

Обзор постепенно возвращается. Буквы в карте вызова все еще плывут. Просто запиши данные. Просто набери лекарство и сделай укол. Это задница, мимо нее сложно промахнуться. Сними кардиограмму, измерь температуру, послушай легкие, посмотри горло. Не трогай лицо. Не трогай очки. Не снимай маску. Не падай.

— Поехали в СОКБ.

В ковидном приемнике, как обычно, очередь. Конечно, не такая, как в начале пандемии. Лучше на стало, просто мы разобрались, что к чему, и стали работать с тем, что есть. «Космонавты» отдыхают на крыльце красной зоны. Водители спят за штурвалами карет в ожидании дезинфекции. В кабинете томографии окно открыто настежь. «Вдохнуть и не дышать. Свободны. Следующий». После ливня атмосфера нисколько не разрядилась. Дышать нечем. Хочется спать. Я снова укладываюсь на носилки. Чем меньше двигаешься, тем меньше тебе нужно кислорода. Газообмен снова выравнивается. Темно.

— А кто это у нас тут спит?

— Ваше тело? Потыкайте ее стойкой от капельницы, может, живая.

— Не надо меня ничем тыкать.

По высоким бахилам и небрежно натянутому на нос респиратору узнаю сотрудника стационара. Запаянный в ламинат бейдж крупными буквами сообщает, что передо мной врач одной из ковидных специальностей, тут же и фото лица крупным планом для тех, кому оно интересно.

— У бабушки вашей 5% поражения, высокая вероятность ковида. Лечение на дому, контроль термометрии, вот рецепт на антибиотики.

— У нашей бабушки нет денег на антибиотики. И термометра дома нет. И дома тоже, — голос Ольги глухой, искусственный за слоями изоляции.

— Это не наши проблемы. — Я привычно тянусь руками к лицу и также привычно обрываю движение.

— Это наши проблемы, Маш. Мы же люди. — За всю смену я так и не запомнила лицо Ольги. Одни глаза за стеклом очков. Отдельно от лица они кажутся красивыми.

Я — существо разумное, прямоходящее. Хочу есть, спать и писать. И дышать. Бабулю мне было бы жалко, не будь мне так жалко себя. Душно, очень душно.

— Бабуля, слышали, что врач сказал? Вы амбулаторный пациент! Получите рецепт и отправляйтесь к себе на лавочку.

Старуха отмахивается от рецепта, стреляет сигарету у одного из космонавтов и ковыляет к выходу с больничной территории.

— Маш, я убью тебя! — в Ольге еще осталось немного сострадания. — Беги за ней и верни! В каком стационаре остались места?

— ЦРБ Дубовый. Давайте показания к госпитализации вам напишу. — Врач что-то быстро рисует в сопроводительном талоне и уходит в сторону очереди на «вдохнуть и не дышать».

Пока Оля вызванивает центр насчет свободных мест, я быстро направляюсь ко второму от моечной зоны окну. Внутри у персонала стационара, кажется, что-то вроде нелегальной курилки. Каждую смену здесь стоят космонавты в высоких бахилах, с торчащими из фильтров респираторов сигаретами. Мой уже ждет. Я прикладываю раскрытую ладонь к стеклу, маска с фильтром и сигарета без фильтра приветственно и важно кивают в ответ. Я ни разу не видела его лица. Общее телосложение указывало на то, что он — это действительно он, однако скафандр скрадывает даже очертания фигуры. Я прикладываю вторую ладонь к стеклу, он ободряюще поднимает палец вверх. Тушит сигарету об металл стационарного кислородного баллона и уходит в глубину красной зоны.

До ЦРБ ехать 40 минут. Окно приходится закрыть — бабулю знобит. Фонари на трассе сливаются в сплошную линию.

* * *

Добравшись до подстанции, я первым делом бегу к туалету. 4 часа в СИЗе и физиологические потребности. У туалета очередь.

— И кто там книжки читает?

— У Санька несварение.

— Немытым арбузом пациенты угостили?

— Реакция на антибиотики.

Санек переболел. Этажом выше из кабинета старшего фельдшера слышен характерный сухой кашель.

— И давно этот концерт продолжается?

— У нее пневмония. Вчера вызов на нее делали. А сегодня опять на работу пришла.

* * *

«Боль в груди, в анамнезе ИБС».

— Что болит? Где болит? Как болит? А так не болит? А вот так? А температуры не было? Врете, что же вы такой горячий у меня? Градусник поставьте. Горло покажите. Рубашку поднимите. Насыщение кислородом крови у вас страдает, видите, прибору моему не нравится. Ложитесь на кардиограмму. Градусник покажите. 37,3. Вот. Пневмония у вас. Предлагаю прокатиться до больнички на томографию. Собирайте вещи, а мы пока документы заполним.

— Оля, бежим отсюда.

— Куда?

— Одеваться.

Забыла, что мы здесь в одних трусах. Точнее, в одной маске.

— Ой, все там окажемся.

— Оля, я хочу жить!

— Ну беги, живи.

На клумбе под окном общежития пышным цветом раскинулись хризантемы и анемоны.

— Там что, пожар? — лениво интересуется командир из-за штурвала. К пожару он морально готов, а к очагу инфекции нет — захлопывает дверь в кабину и закрывает окно. Отверстия вентиляции с начала пандемии плотно герметизированы скотчем. Наряжаюсь в защиту, выбираюсь на свежий воздух.

— А где док?

— Там.

Снова смотрю на клумбу. Такая буйная растительность должна пахнуть. Почему я ничего не чувствую?

Оля заставляет ждать до того момента, когда рациональная мысль «она ненормальная» раскручивается до паранойи «она уже заразилась и лежит рядом с дедом, беззвучно хлопая распавшимися легкими».

— Доставай маскарадный костюмчик. И что это за оптимистичная ядовитая расцветка? Белых не осталось?

— Желтый тебе идет.

— Боже, какая прелесть! Гортензия и хризантемы! — Оля восхищенно складывает руки.

Я снова принюхиваюсь.

— Они пахнут? Ты чувствуешь?

— Нет, — она по-прежнему беспечна. — А должны?

Я хватаю напарницу за рукав, проламываюсь в самую гущу растительности. Оля упирается.

— Маруся, тут люди мрут как мухи, а ты решила цветочками полюбоваться?

— Именно потому, что люди и мухи умирают каждый день, мы просто обязаны остановиться и уделить минутку прекрасному. Ну. Чувствуешь? Чувствуешь?

— Нет! — Оля продолжает отбиваться и вдруг замирает посреди клумбы. — Ты думаешь?

— Ага. — Я смотрю на пациента. Дед кашляет короткими очередями и причмокивает посиневшими губами. Я не хочу так.

— А ну! — Оля рванулась к машине. — Сейчас мы Толяна в клумбу закинем, пускай нюхает! Толя, открой дверь! Толян! Ты же не собираешься провести здесь свою молодость? Мы все равно тебя достанем!

— Чего? — Толян натянул на уши респиратор и на чуть-чуть приоткрыл окно.

— Цветы! Они пахнут? Пахнут?

Толян принюхался.

— Пахнут. Воняют. А что?

— Ничего, — Оля нахмурилась, — закрой окно до станции и не открывай никому.

Оля одаривает меня коротким понимающим взглядом, с трудом упаковывает свои габариты в цыплячий комбинезон, наверно, сел после стирки. Мы заразились. Обе.

— Цыпленок жареный, цыпленок пареный, пошел по улицам гулять... — бубнит в респиратор далеким глухим голосом.

Мотор заведен, карета гаражами выползает на пустую рассветную улицу. Сатурация 90% и продолжает падать.

— Оля, мы не заправили кислород!

— Сколько?

— 25%!

Запасных баллонов нет на станции. Ковидные выдышали.

— 3 литра в минуту!

— Сатурацию не держит! Ставлю пять!

— Четыре! Поставь четыре!

«Цыпленок жареный... пошел по улицам гулять».

— Четыре не держит! Ставлю пять! 18%!

— Толик, включай дискотеку-аварию!

— Сатурация 92!

— Верни четыре!

— Четыре не держит!

— Толик, ты там заснул, что ли? Сирена, люстра, светомузыка, матюгальник!

«Его поймали, арестовали, велели паспорт показать».

— Дедуля, как дела? Дедуля, живи пока. Оля, что делать?

— Ты умеешь делать фотосинтез? Ничего!

— Резервный баллон в хвосте! Подвинься!

— Толик, тебе что сказали?! Пробки, заборы, ДТП — трахай все, мне пофиг, как ты доедешь!

Дорога до хвоста салона кажется неприлично длинной. Всего два метра, и неповоротливый скафандр, и машину заносит на виражах, и горизонт то падает, то взлетает. «Цыпленок жареный, цыпленок пареный, цыпленки тоже хочут жить».

— Оля, баллон пустой!

— Быть такого не может, манометр косячный!

Я уже скрутила манометр, свежим воздухом не тянет.

12,11,10. Сатурация 92. Губы порозовели, впрочем, за кислородной маской лицо плохо видно. Машина влетает на территорию СОКБ. Оля выгружает деда на коляску, я подхватываю баллон. В приемнике красной зоны стационарные точки кислорода в каждом углу. Подключаем деда к ближайшему свободному крану. Снимаю инфицированную маску, конец шланга подношу к запаянному СИЗом лицу, делаю несколько вдохов через фильтр. Последние литры растворяются в воздухе.

На улице пустынно и тихо. На площадке за время сдачи-приема пациента прибавилась только одна машина. Даня и Гуля сидят в обнимку на импровизированной лавочке-доске. Из защиты на обоих только маски.

— Я не поняла, это что за стриптиз? Штраф получить хотите?

— А мы сейчас пациенты, нам можно! — хихикает Гуля.

— С какой это радости?

— Вчера на адрес залетели голые, а там пневмония, диспетчер СИЗ забыл написать. Температурим. Бабку на КТ отвезли и за компанию решили откататься. У вас как?

— А мы тоже на пневмонию...

— Ковидные обнимашки! — Гуля бросается на меня, плечом смахивая очки.

— Дура! — я судорожно возвращаю очки на место.

— Кваску? — Даня делает большой глоток и протягивает мне бутылку.

— А давай, — я неожиданно для себя срываю респиратор.

Смех Гули переходит в сухой кашель, она оседает на картонку и обхватывает себя за плечи.

— У меня в нижней доле затемнение. Назначили антибиотики. Цефтриаксона нет в аптеке.

— Подойдешь ко мне на станции, я тебе дам.

— А что говорят про кислород и респираторы?

— Так пандемия закончилась. Мы победили!

Со стороны служебного выхода мимо нас проезжает процессия из каталок, груженных черными продолговатыми мешками.

— Ой, Даня, смотри, белочка!

Фельдшера уходят в глубину больничного сквера. Сзади незаметно подкрадывается рентгенолог.

— У вашего деда 40% поражения и страшенный ХОБЛ. А где эти везунчики?

— Белочку пошли смотреть. Что у них?

— А вы им кто?

— Троюродная медсестра. Так что?

— У парня ОРВИ, а девчонка, как и говорили, поражение левого легкого.

— Оставьте мне выписку, я им передам.

— Маску наденьте, — делает замечание врач, — не положено.

Я снова направляюсь к окну возле моечной. Он уже ждет. Жестом спрашивает, как дела. Задираю подбородок, провожу рукой по горлу, наклоняю голову набок, складываю пальцы домиком, вмещая в набор незамысловатых жестов историю про легкомысленных диспетчеров, жареного цыпленка, клумбу с анемонами и гонку на кислороде. Молчу о том, что заболела, что больше, наверное, не приду. Смеется одними пальцами. Подходит Оля.

— Ты мыться пойдешь? — тянет в сторону палатки с баками дезраствора и горой грязных СИЗов. — У вас свидание?

— Да я его в глаза не видела. Просто он каждую смену здесь. Уже второй месяц общаемся.

Глаза Ольги за очками приобретают странное выражение.

— Ты же понимаешь, что это всегда разные люди?

— Да.

Неопалимые

Окончательный диагноз своевременным не бывает.

Диалоги скорой помощи

До вечера в городе ничего не горело. Под пересменку полыхнули склады на «стошке». Длиннобрюхий модифицированный «фиат» «медицины катастроф» мелькнул полосатым хвостом перед моим носом и умчался под светомузыку, лавируя между пробками. «Красный наш — зеленый общий».

На пожар я не успела. На звонок в бригаду экстренного реагирования ответил заспанный голос: «Медицина катастроф, чего надо?». Услышав застенчиво-возмущенное «стажера забыли», голос потеплел и засуетился. Ключи от дежурки док, разумеется, забрал с собой. Подсобка водителей открыта, можно покошмариться там. Водителя не будить, не кантовать, при пожаре выносить первым. На центре нет холодной воды и перегорела еще одна лампочка в коридоре. Днем ничего не горело и не взрывалось. Где же я была 5 минут назад, когда поступил сигнал? Ну, кто же знал, расписание горения складов им не скинули. Конечно, ему скучно одному смотреть на пожар и суету эмчеэсников-муравьишек. Застряли часа на два. Отбой.

Старший фельдшер вызвала меня днем. Не спрашивая моего мнения, сняла смены и отправила на стажировку в медицину катастроф. Специализация. Станция МК, единственная во всем городе, затерялась в гаражах, недалеко от районной поликлиники. Трехэтажное здание, на первом помещения дежурных, на втором администрация, на третьем учебные классы для таких, как я. Днем на базу идти не хотелось. Много начальства, начнут гонять по кабинетам, заполненным манекенами разной степени покалеченности, и делай вид, что спасаешь их, как дурак. Я напросилась в ночное дежурство. Руководитель стажировки поморщился, но пробегавший мимо Табалов за меня вступился. У него был свой интерес, ночью на базе скучно, а так хоть поболтать с кем. Руководитель согласился и с облегчением скинул стажировку на Табалова.

За окном подсобки разливался закат. Холодной воды не было. Перегорели две лампочки. По телевизору крутили фильм-катастрофу. Водитель смены дремал на продавленном блохастом диване неизвестной расцветки. На кино он не обращал никакого внимания, в его реальности катастрофы имели вкус и запах, а в телевизоре был неестественно широкий обзор и все слишком понятно. Так не бывает.

На подоконнике в лучах заката розовели зеленые яблоки. Общак.

— Ваш урожай?

— Жри давай.

— Позвони, — я кинула телефон. Старинный кнопочный кирпич промахнулся, шлепнулся на пол, и ничего не произошло. Выражая недовольство, шофер повернулся на другой бок. Пришлось пройти лишние пару шагов, поднять телефон и возложить на диван. Командир снизошел и набрал номер.

— Клиника мужских абортов на связи.

— База подводных лодок слушает.

— Давно стоите?

— Часа два. Девчонку не обижаешь?

— А можно?

— Убью.

— Как скажете. Где Виталя?

— Готовую продукцию со складов спасает.

— Воруете, значит.

— А ты жди.

— Такая работа.

— Может, подъехать?

— На какой телеге?

— На своей. А Виталя перегонит. Я «фиат» возьму.

— Там ГАИ пасется. Тормознут.

— Служебную-то?

— Тебя.

— Несрост.

— Ладно, ждите. Девчонку не обижаешь?

— Держусь.

Предыдущая ночь выдалась беспокойная, поэтому сон накатил сразу.

Разбудили синхронным грохотом двух дверей. Третья лампочка меланхолично качнулась, замерцала и погасла. В подсобку ввалился Табалов, зашагал широко и беспокойно, обнаружил, поздоровался, душевно обнял и потащил на кухню. Со складов удалось спасти кремовый торт, сырок «Дружба», банку растворимого кофе и палку колбасы. Литр куриной лапши в стеклянной таре доктор принес из дома. Баклажка кипятка из-под крана полдня остывала на окне. Док щедро плеснул из нее в чайник и поставил кипятиться.

— А зачем остужать надо было?

— Привет.

— Здравствуйте. Забыла, как по отчеству.

Вместо ответа док развернулся на 180 градусов. На кителе сверкало «Табалов В. В.» и группа крови «три плюс резус плюс».

— Здравствуйте, В. В. Как смена?

— Да как в МЧС — работать можно, но как пожар, так хоть увольняйся! — и заржал не слишком удачной шутке.

Я подумала и не нашлась, что сказать.

— Ешь. Жри. Яблочки, тортик, колбасу. Чайник вскипел. С сахаром. Кофе насыпай, я не буду, тахикардия. Блокнот взяла? А как же лекцию писать?

Блокнот у меня был с собой, но лекцию писать я не планировала, поэтому спросила про склады.

— Склады. Загорелись. Сгорели. Как обычно.

— Без пострадавших?

— Да, откуда им там взяться? Как обычно, два часа бамбук курили.

Вопросы опять закончились. Хотела спросить про яблоки, уж слишком зеленые, но как-то не складывалось на языке. От безысходности доела бутерброд. В.В. тут же забегал вокруг холодильника, соображая, чем бы еще угостить. Торт уже доедала с опаской, не спеша. На горизонте яблочного заката угрожающе маячила склянка куриной лапши.

— Вы сегодня...

— Ты.

— Какой ты блуждающий нерв сегодня.

— Я всегда нерв. Нерв нашей подстанции. Чего тебе рассказать?

46 размер обуви наконец перестал отмерять углы кухни, могучие докторские пальцы вцепились в банку с супом и бережно занялись ее содержимым. Аппетит у доктора был отменный. Я незаметно перевела дух.

— В институт я поступил в конце 80-х. Или закончил. Не помню. Поступал после колледжа. Поступил не сразу, бабло там лопатой гребли, а я химию завалил, мой любимый предмет. Загребли в армейку. Уже и к военкому ходил, договорился уже, не трогайте, дайте студентом стать. С работы увезли. Образование у меня фельдшерское тогда было, работал на скорой, а распределили меня в спецназ ВДВ, не по специальности распределили. Я по школьному делу еще с парашютом прыгал.

Закат догорел. Единственный пожар, на который не надо было выезжать, при котором мы всегда присутствовали, до которого никому не было дела. Яблоки на общаке больше не внушали опасения. Но вкусные. Я перевела взгляд на Табаловский седой хохолок.

— А потом?

— А потом Туркмения, горячая точка. Прыжки, десантура. На плацу жара, зной, а ты по брезенту ползаешь, и каждую выкладку офицеры ходят, проверяют. Знаешь, каково свою жизнь складывать?

— Да складывала я этот ваш парашют, знаем, падали.

— Какой, Д-6, Д-10?

— Не знаю, длинный такой.

— Ну и?

— Ничего. Даже раскрылся.

— Чем хорош Д-6, как его ни упихай, все равно раскроется, хоть узлом завяжи, там шнур подвесной системы такой, что купол из любой позиции выровняет...

— Чего?

— Д-10 тоже неплох.

— А потом?

— А потом институт. Набирался тогда факультет семейной медицины, 30 мест. Брали только фельдшеров, не медсестер, не санитарок. Поступил с блеском. Четыре вопроса, помню, были, по хирургии, терапии, акушерству и педиатрии. На пятом курсе защитил диплом по тромбоэмболии легочной артерии. Помню.

Банка опустела. Остатки лапши док художественно развесил по краям тары, полюбовался на них, собрал и отправил вслед за остальным ужином.

— Вот думаю, мыть, не мыть?

— Так кипяток же.

— И то верно. Завхоза на мыло.

На свет кухни из коридорной перегоревшей тьмы зашаркал водитель.

— Там вас на профосмотр эмчеэсники.

— Заводи их.

— Да уже сделано.

— Чего кряхтишь тогда, кончелыга?

— Да теще с утра в глаз не засветил, теперь спина к вечеру ноет.

— А спина тут при чем?

— Так она меня лопатой!

— Так, не понял, чью же мы тещу на пожарище в тот раз схоронили?

— Мою, — хитро ухмыляется шофер.

— И сколько их у тебя?

— Две осталось. Как-никак, полвека в мужском абортарии. Муравьишек-то будете профосматривать?

— Иди сам посмотри, у меня беседа с молодежью.

— Я-то посмотрю.

— Ну и смотри, халат на вешалке, фонендоскоп в ящике.

— Фонен-чего?

— Слушалка, шаромыжник, пора уже запомнить!

— Ага-ага. — Снова зашаркал по коридору.

— Так на чем я?

— Диплом получили.

— Ага. Потом интернатура по реанимации, сертификат скорой помощи. На центре я в малой кардиологической бригаде, в малой неврологической, противошоковой, потом анестезиологом... На проме подрабатывал, на кировскую выезжал. Старшим врачом в оперативном отделе сидел, всю нашу публику поименно знаю.

— Да ну! И ЕвгенВалерича?

— Петух интеллигентный.

— И Анну Ивановну?

— Толстуха розовощекая.

— И Жорина?

— Коновал.

— И тетю Эллу?

— Белку-то, конечно, знаю, помню, бегала все, хвостом крутила.

— Врешь, не бегает она больше, ей алкаш бедро сломал.

— Вот оно что. А карты я, видела бы ты, как писал, не карта, а поэма! Всем отделом зачитывались! «Кома, передозировка опиоидными наркотиками, нарушение дыхания с эпизодами бради-, гипо- и диспноэ...» Ну и так далее.

— А медицина катастроф?

— А здесь я на пенсии. Может, вернусь еще. Ты тетрадку-то принеси, я тебе много чего под запись дам. И в гости приходи, я хоть тебя кормить буду. Живу один, график противозачаточный, дороги — профилактика нежелательной беременности, машина — абортарий на колесах, водитель — тундра косолапая...

— Я все слышу!

— Пожарный расчет профосмотр прошел?

— Прошел!

— Годен?

— Годен! Хоть сейчас поджигай!

— Я тебе подожгу! — Подошел к раковине, прицельно высморкался. — Знаю, что тебе рассказать. История бытовая, клиника примечательная, слушай.

Пристроился к окну с догоревшим закатом и начал.

* * *

«Было это в начале восьмидесятых, а может, и позже — точно не вспомню, — но Советский Союз вроде бы еще не развалили. Нас, выпускников медвуза, зеленых еще совсем врачей, направили по программе международного обмена в Нигерию, чтобы показать капиталистической стране, что и наши доктора не лыком шиты. Рады мы были ужасно: в молодые годы всегда хочется на мир посмотреть, себя миру показать. Несколько наших девчонок на радостях за нигерийцев замуж повыскакивали, чтобы там же и жить остаться, однако, оказалось — зря. В первый же год мужья потребовали от них потомства, наши дамы были к материнству не готовы, и в итоге случились семейные конфликты. Впрочем, это все издержки воспитания.

Мне тогда довелось познакомиться с местным акушером-гинекологом. Женщина она была умная и приятная и до сих пор вспоминается мне с душевной теплотой, хоть она меня тогда и подставила. На нас, молодых врачей, гинеколог смотрела свысока, однако, когда узнала, что я имею некоторый навык в принятии родов и кесаревых сечениях, немедленно предложила мне поработать за нее в отделении с месяц, чтобы ей съездить наконец в отпуск. В отпуске, по ее словам, она не была уже пять лет — симптом этот сразу же должен был меня насторожить, однако тогда я не придал этому никакого значения. В первое же дежурство я осознал, что сильно влип: пять кесаревых за ночь, все по экстренным показаниям, и это не считая обычных родов, патологических и не очень. С рождаемостью в Нигерии проблем никогда не было. Отступать было поздно, так что я самоотверженно принялся помогать чернокожим мамашам в деторождении и через неделю уже делал эти кесаревы с закрытыми глазами. Тогда же появился у меня друг — один местный полицейский, человек тоже интеллигентный и своеобразный: все мечтал основать Нигерийскую коммунистическую партию. Случилось с ним однажды такое несчастье — сбили его на машине, причем за рулем был его же коллега. Травмировался он не сильно, однако в травмпункт обратился сразу же, где у него ничего серьезного не нашли и диагностировали ушиб всего тела. Так что с водителем они как-то между собой договорились, без суда. Однако не все так хорошо оказалось. Приходит он ко мне в больницу на следующий день и говорит: “Василий, мне совсем плохо”. Да я и вижу, что не хорошо: стоит-шатается, весь синий к тому же. Ты когда-нибудь видела синего негра? Жуткое зрелище, скажу тебе по секрету... Давление 80 на 45, пальпирую живот, диагностирую внутреннее кровоизлияние. "Дакарэй, — говорю, — да у тебя печень разорвана, надо оперироваться!" Предлагаю сразу же лечь ко мне в отделение. Ну, он как-то засмущался: дружба дружбой, а оперироваться у иностранца как-то боязно. Боком-боком он от меня сбежал, должно быть, к своему, нигерийскому, хирургу. Только я ведь знаю, что тот в отпуске! Ну, что тут поделать, не силком же его на стол укладывать! Насильно лечить — калечить. Однако ночью меня срочно вызывают в больницу: совсем полицейскому поплохело, сознание потерял. А это уже наша работа — пациента с того света вытаскивать, хочет он того или нет. Экстренно назначаю операцию, и тут выясняется, что анестезиолог мой смылся в деревню к родственникам, а значит, оперировать мне — одному за всех и самому с собой, с санитаркой и медсестрой, по одной штуке каждая. Требую приготовить переливание крови, а они мне в ответ: нет донорской крови в наличности. Ну, не организована у них донорская служба — а еще капиталистическая страна называется! Что делать, с глюкозой внутривенно, перекрестясь, делаю я разрез — и выливается на меня аккурат два литра крови! Халат в крови, стол в крови, по полу кровь течет, пациент загибается — пытаюсь организовать обратное вливание, а мне сестра в ответ: не знаем, что это такое, никогда не практиковали. На чистом русском ненормативной лексикой я высказываю свое отношение к местной системе здравоохранения. Персонал интересуется: что я сейчас сказал? Молчу, не отвечаю, берегу честь советской державы, собственноручно умудряюсь литр в него обратно влить. Смотрю печень — разорвана пополам. Начинаю шить, и в этот ответственный момент в больнице отключают свет. Снова на чистом русском комментирую работу системы электроснабжения. Тут уж санитарка каким-то чутьем меня поняла, приносит фонарик, светит мне в поле. Начинаю шить и понимаю, что, пока я матерился, с него еще с полведра вытекло, а значит, передо мной лежит труп и ничем тут не поможешь. Объявляю время смерти, начинаю шить уже как покойника — все вместе, и печень, и брюшину, чтобы только тело цивилизованно выглядело. В операционной как в склепе, санитарка фонариком светит, а я шью сикось-накось, крестиком эту печень, и внутри все как будто опустело, а слез нет ни капли. Вот так бывает, вроде человек тебе и не близок особо, а все равно на душе погано, и ты все копаешься в памяти, ищешь себе оправдание, а находишь только вину.

Зашил я, значит, разрез и домой пошел, персонал оставил с телом разбираться. Ночью меня еще раз вызвали, на экстренное кесарево. Свет в больницу так и не дали, но уж эти кесаревы я и без фонарика мог запросто делать, настолько натренировался уже. А потом спать пошел.

На работу с утра я, конечно же, опоздал. Прихожу в отделение, иду по коридору. Возле палаты полицейского каталка с трупом стоит. Хотел я грешным делом мимо нее прошмыгнуть, да совесть замучила — не чужой человек все-таки, надо хоть проститься, в лицо посмотреть. Смерть, она такая: пока ей в лицо смотришь, она от тебя бегает, отвернешься — тут-то тебя и прихватит. Подхожу ближе, гляжу — нет никого на каталке. Спрашиваю медсестру: где труп? Она мне в ответ: лежит в палате, под капельницей, и никакой это, доктор, не труп, вполне себе живой пациент, и даже о вас справлялся. Тут я не выдерживаю, сшибаю с ног сестру, несусь в палату, залетаю, смотрю на кровать: лежит, родимый! Бледный, осунувшийся, но вполне себе живой.

Это я потом узнал, что африканцы в детстве по нескольку раз малярией болеют и впоследствии малокровие лучше нас, европейцев, переносят. А тогда-то у меня едва коллапс не случился. Но пациент вроде обрадовался, в благодарностях рассыпается: "Вы меня, доктор, с того света достали". А я что? Работа у нас такая. Шрам у него после той операции здоровенный остался, и грыжа опять же: шил-то я его кое-как, капсулу к брюшине пристрочил, брюшину к мышцам. Но нигериец не жаловался, даже наоборот. Как ни соберемся мы компанией, все друзьям рассказывает, как русский хирург ему жизнь спас, рубашку задирает и шов демонстрирует. Я не выдержал, сказал ему однажды: "Что ж ты, такой-сякой, меня позоришь! Меня же за такое рукоделие засудить могут!" А он мне: "Нет, не засудят. Мы с вами компартию в Нигерии создадим, большими людьми будем". Ну, от такой чести я отказался. Это уж они пусть без меня как-нибудь. А потом и в Россию вернулся, и с тех пор мы с ним как-то и не виделись.

Вот так в жизни бывает: вроде бы здоров человек — а он возьмет и умрет на ровном месте. Ты думаешь, что твой друг умер, а он, оказывается, живой. И печень, зашитая крестиком, объединяет людей лучше, чем родственные связи и общая идеология. Вот так».

Последняя лампа дрогнула, и стало темно.

— Опять пробки выбило. Значит, пора спать.

* * *

В полночь заверещала рация.

— Град-187 граду-83!

— 83-й 187-му.

— Горит ангар за плановым, расчет на месте.

— Уехали, по приезде доложу обстановку.

Реаниматолог со скрипом свалился с кровати и принялся собирать форму в полной темноте.

— Я с тобой.

— Спи уже.

— С тобой поеду.

— Ах, молодость, одевайся теплее.

Ангар за плановым был большим и обещал гореть ярко. За окном уже завелся мотор, засветили фары, завыла собака. Табалов наконец оделся и загрохотал дверями. Я выползла на подмерзший воздух и уставилась слезящимися со сна глазами на убывающую луну.

В горячей точке Табалов дважды едва не остался насовсем. На скорой сильно запил, а затем подсел на внутривенные наркотические. В 2007-м в аэропорту при заходе на посадку разбился Ту-134 с 50 человеками на борту. В.В. единственный сможет организовать эвакуацию 27 пострадавших, за что получит спасибо и грамоту от губернатора. А с новогоднего дежурства его увезут в токсикологию с морфиновым передозом и едва откачают. Больше на скорую он не вернулся.

А на окраинах продолжали гореть заброшки, гаражи и складские помещения, и ловить там было нечего, а спасать тем более некого, и экипаж летящего по красному коридору светофоров автомобиля это знал и обреченно искал взглядами пожарную машину и клубы дыма, которого, как известно, без огня не бывает. Водитель уже раздуплился и вопил в рацию «братцы-пожарнички, обождите тушить, мне тещу кремировать надо!» А на востоке горел рассвет.

Таблетки от кашля

— Как я тебя узнаю?

— На мне будет груз прожитых лет и сандалики.

Диалоги скорой помощи

На войне люди воюют за право называться людьми. Всегда.

Я прихожу домой и, кроме усталости и голода, чувствую, как пустота в моей голове готова выразить себя в крике. Когда замолкают орудия, люди тоже молчат. Не существует того, о чем нельзя промолчать, но я пишу. О человеческом.

Первыми о том, что все кончилось, узнали диспетчера 03. Звонил весь город. Люди звонили, потому что поликлиники не отвечали, потому что врачи ушли на больничный, потому что в аптеках не было антибиотиков. Я была там. Когда оборвалась горячая линия по коронавирусу, когда штаб самоликвидировался, не оставив никаких инструкций. Когда телефоны ломались один за другим, не выдерживая перегрузок на линии. Люди звонили в скорую, потому что некуда было звонить, но скорая могла помочь тем, кто умирает прямо сейчас, а тем, кто обречен в перспективе, скорая не помогала.

Перед старшим врачом лежали три телефонные трубки. По одной горела крыша дома, и люди выпрыгивали из окон третьего этажа, и пожарные насчитали четыре трупа, по другой требовали реанимацию на отек легких, по третьей пациентка с пневмонией средней степени тяжести хотела в больницу. На третьей линии кричали громче всего. По всем трем старший врач говорила одно и то же: бригад нет, справляйтесь сами. От нее самой уже давно ничего не осталось, одна оболочка, и даже пустоты внутри не было, потому что кричать уже не было сил.

А люди кричали. Люди кричали, что им больно, и диспетчера хранили молчаливое знание о том, что раз больно — то в сознании, а значит, срочности нет. Что те, кто кричат, не задыхаются. Но молчали об этом, а вслух утешали, успокаивали, давали советы. Мелодия ожидания на горячей линии казалась колыбельной для умирающего младенца. Диспетчера тоже были обречены оставить от себя сброшенную листву. И потому пили кофе в перерывах между звонками.

А в самом отделе было тихо. Только звонили телефоны, сдерживали крики диспетчера, а начмед, не сдерживаясь, орал, что он не девочка, чтобы родить еще десять бригад. Но тишина наступала.

Я сдаю смену и выбегаю на улицу. Ни минуты больше не могу там оставаться. На парковке водители поливают из шланга грязные борта машин и будничный перемат малиновым звоном отдается в ушах. Главное, чтобы не молчали. Ноябрьская хмарь уже давно созрела и все никак не могла разродиться снегом. Желтые листья, оставшиеся от нарядов яркой поволжской осени, почернели, отяжелели, промокнув, утонули в грязи. Грязь под ногами замерзла.

Они выбывают. Выбиваются из игры шальными пулями подхваченной на работе инфекции, голосуют ногами против отмены стимулирующих, уходят туда, где пока еще есть деньги, где они все еще нужны и будут нужны, где обманывают так же, но меньше, человечнее. Оставшиеся в строю заменяют выбывших до тех пор, пока бесчеловечность их не добьет. Днем я — диспетчер 03. Кто-то должен ответить на звонок, а уж кому выехать по адресу — на линии разберутся. И выезжаю я. Ночью я — линия. Работник выездной бригады. Я иду на смену.

Сегодня я не должна работать. Не должна, но Погодину понадобились лекарства. «Антибиотиков в городе нет, а у отца пневмония», — сказал Погодин и попросил достать. На скорой пока еще остались препараты. И я выхожу на линию в поисках лекарства для человека. Цефтриаксон.

Искусство не убить сложнее искусства реанимировать. Они — фельдшера скорой помощи. Их научили не убивать и в срочном порядке выпустили на линию. Линию фронта, линию недостижимой и неизбежной победы людей над чуждым, не-человеческим. Фронт прорвало. Линия изогнулась беспощадной улыбкой океанского прибоя. Мы — серферы второй волны, и мы выходим на смену, расписываемся в журнале, получаем укладки, комплекты индивидуальной защиты. И безуспешно растворяем в ночи концентрат пустоты между слоями скафандра. Поехали.

Первый флакон антибиотика я нахожу в сумке. Достаю и прячу в рюкзак. Вылавливаю из водоворота мыслей «я же его украла». Забрала у одного, чтобы отдать другому. Обыкновенное перераспределение ресурсов. Я умная, я найду, чем себя оправдать. Лекарство в руках знающего человека подобно жизни и бессмертию, в руках невежды — подобно огню и мечу. Я знаю, что с ним делать, я все правильно сделаю. Я же знаю?

В Айдаре из нетипичного для татарина — серые ледяные глаза с проблеском алюминия и упорная близорукая любознательность. У меня радужка с медным отливом, и вижу я чуть дальше, чем Айдар, хочу так думать. Айдар любит работать в инфекции, там никто не знает, как лечить полузнакомую заразу, можно ставить эксперименты и смотреть на закономерность исходов. Он облачается в форму чумных докторов XXI века, поправляет на носу респиратор. У респиратора отрывается резинка, изделие одноразовое, а его продезинфицировали и пустили по второму кругу. На линии все сгорит. Фиксирует края респиратора очками, по самые глаза надвигает капюшон ковидного балахона, тонкий дырчатый комбез рвется там, где тонко, и мы заклеиваем дыру пластырем. Поправил респиратор, вытянул и сложил ноги в высоких бахилах на полочку, окно открыл, морду в форточку, свежо. Сделал несколько вдохов из кислородного баллона для успокоения нервов, поправил респиратор, пристегнулся, скомандовал шефу «в ковидник» и спит. Пространство внутри машины максимально экономно, развернуться можно, но с привычки. Носилки-трансформеры для лежачих: выкатываются, закатываются, опускаются, складываются, есть ручки, можно поднять головной конец, красота. Больной на носилках. Сатурометр на пальце доходяги в растянутой майке и куртке на голые плечи — из дома забрали — пищит ровно и размеренно, я открываю глаза, когда стандартные интервалы между сигналами сменяются частой мелодией тревоги. Кислород закончился. Пускай.

— Айдар, флакон списал? Отдай мне.

— Тебе зачем?

— Для своих.

— Держи.

Листья больше не падают, облетели. Птицы пропали, куда — неизвестно, не видела в этом году привычных черточек под облаками, рассекающих воздушное пространство. А в ноябре птиц даже меньше, чем зимой. Солнце выглядывает временами, чтобы ослепить холодным металлом из-под беспробудной завесы. Грязь во дворах подмерзла, заледенела, ажурная изморозь хрустит, как шум трения плевры у воспаленного легкого. Когда же снег?

Коты на адресах обожают сумки. Они пахнут аптекой. Врачей в скафандрах коты боятся. Далеко не отбегают, новое, белое, шуршащее привлекает. Скребу ногтем в двойной перчатке по колену, подходит ближе. Протягиваю палец, обнюхивает. Вот-вот прыгнет на колени, но нет, прячется. Возвращается, тянет носом, и я протягиваю чуялку в респираторе навстречу. Айдар с пациентами — о своем, о болезнях, лечении, оборачиваются и смотрят на нас. А мы с котом носами тремся. У кота глаза как у Айдара, серые, но голубее, прозрачнее и как будто мягче, мудрее. Сфинкс, маленький еще, короткий черный ворс, может, и не сфинкс даже, а бритый для лохов да проданный, как будто порода. Но глаза... Лысые бока горячие, дыхание частое, хищнический метаболизм. Хозяева интересуются, как бы уберечь от заражения кота. «Протрите его спиртиком», —устало прищурившись, говорит Айдар.

Коты, говорят, не болеют, а вирусы, говорят, мутируют. Соседствующим видам полезно знакомство с человеческими болезнями, я так считаю. Айдар не согласен. Мы спорим лениво, замерзаем в тонких балахонах, печка еле работает. Айдар придумал схему лечения новую, на себе испытал, не помер. На адресе двое стариков, болезнь пока не запущенна, горлышко только воспалено. Можно попробовать полечить. Прописываем только что придуманный рецепт, фельдшера вообще-то не лечат, а спасают, да к ним же из поликлиники никто не придет, врачи на больничном. В комнате книжный стеллаж с наполнением советских времен, и мы с кошачьим любопытством зарываемся в пространство между обложками пыльных томов. Маркс и Ленин, Маяковский, Тургенев, и все это в свое время было прочитано. Айдар переживает, почему пылится без дела, старики утверждают, что сами уже перечитали тыщу раз и теперь вот собираются отдать в детскую библиотеку. Айдар доволен, люди спокойные, любознательные. Монитор с системником стародавние. Интернет приобрели, принтер поставили, на стенке рядышком бумажки развесили, какие кнопки нажимать, чтобы печатать. Осваивают. Айдар одобряет и делает упор на антибиотиках. Раздобыть их сложно, но надо, пусть пьют. Списываю третий флакон.

Дают перевозку, мамочка, послеродовая инфекция, очаг пневмонии. «Там же нет ковида», стандарт. Надо ехать. Натягиваю девчуле на нос респиратор, еще несколько штук распихиваю по карманам, пусть меняет каждые 2 часа, Айдар видит, что перерасход, но молчит. Нечего ей там делать, конечно.

Приезжаем в красную зону, машины столпились в очереди. Фельдшера-космонавты курят на крыльце, а дверь закрыта, никого не пускают, и не дозвониться по телефону, на двери указанному. Никто никуда не торопится. Фельдшер курит, сутки идут, больные по машинам лежат, кислородом дышат. Пока кислород есть, можно не торопиться, а потом? А у меня девчуля замерзла, мотор стоит, печка не работает. Прорываюсь через толпу, пинаю ногами в дверь, кричу в открытое окно на первом этаже, а за окном пусто и темно, бактерицидная лампа работает. Айдар шуметь не любит, звонит старшему врачу, докладывает обстановку. Хочу еще поорать в окно, да ростом не вышла, если вот на кирпич встать. Кирпич подняла, бегу к приемнику, фельдшера зашевелились, тоже подтягиваются. По звонку старшего все же выглянул из окна заведующий, а на улице народ, скорая никак митинговать собирается, и я во главе толпы, с кирпичом, такие дела. Дверь открыли.

Выпрашиваем обед и — на станцию. Из еды у меня с собой макароны с котлетой, у Айдара гречка с курицей. На адресе угостили винегретом и пирогом с капустой. Винегрет инфицированный, но вкусный. Накрываем поляну, праздник. Татарин худой как свечка, в васильковом костюме на два размера больше, а ест много, и куда все калории уходят, да и мне жаловаться на фигуру не о чем. Винегрет вытек из контейнера, пальцы в свекольном соке, так даже аппетитнее, и масла старики не пожалели. Умела же бабуля готовить, жаль, не выживет, процент поражения большой. Пьем чай. Выпрашиваю у реанимации еще антибиотиков, складываю добытое в рюкзак. Вызывают, без сознания. Едем.

Смерть ощущается по-всякому. То отбирает возможность что-либо чувствовать, то возвращает право не чувствовать ничего. Почти всегда дает передышку. Пока татарин заполняет бланки, можно вздремнуть. Ощущение отвоеванности заполняет грудную клетку, приятное ощущение. Черт, забыла респиратор, а у покойника пневмония, да она уже и не дышит, все.

Болела две недели, поликлиника не лечила, врач не ходил, антибиотиков не достать. Перед смертью, говорят, хрипела влажными хрипами. Отек легких, значит, да и не спасли бы, поликлиники косяк, но там врачи болеют. Лежит. Бледная. Синюшная. На кардиограмме изолиния, рядом шпиц-животинка, кругами бегает. У Айдара принимают соболезнования, я наглаживаю лохматую голову, щенку не нравится, укусить хочет. К чему мертвец, когда шпиц живой рядом? Отбегает. Возвращается. Приносит поводок. Ткнулся носом в холодные пятки, раз, другой, заскулил. Замечаю на столе знакомые флаконы, цефтриаксон. Успели достать, да лечились неправильно, не по схеме. Сгребаю в рукав, пока не видят. Это с живых списывать стыдно, а здесь он уже без надобности.

— Да, это ее лекарства.

Поднимаю глаза. Родственница с бесцветным взглядом. Приходится делать вид, что изучаю упаковку. Флаконы оставила на столе. А если бы спалилась? Стыдобища.

Прощаемся, собираем проводки от кардиографа в чемодан. Выхожу из комнаты. Оборачиваюсь. Шпиц уже не скулит, лужу наделал в углу и сидит, ни на кого не смотрит.

Улица. Листья промерзли, почернели, ступеньки подъездов в толстой ледяной корке, скольжу в модных ботиночках. Айдар за руку тащит, ругается, у него галоши-вездеходы, ему хоть тайга. Моросит. Не снег, а какая-то льдистая недоснежность, дождинки подмерзшие. Падают за воротник, неприятно, еще и ветер между высотками вихри крутит. У татарина спина широкая, прячусь от ветра за ним, и бежим в машину, греться.

АЗС. На вызове за помин души подарили 500 рублей, сперва пополам делим, а все равно до копейки спустили на кофе. Кофе пьем много, из автомата в клинике, на заправке из пакетиков, в термосе заварили, на адресе выпросили. На заправке кипяток дали горячий, да на морозе выстыл за минуту, и вкус стал пластиковый. Сахар никак не разведется, по дну стакана перекатывается и скрипит под ложечкой. Пульс частит от кофеина, пить уже не могу, Айдар требует, давай еще, а то упадешь и отрубишься.

На адресе попугай в клетке. Перья мелкие, волнистые, смешанный зелено-голубой окрас, мальчик. Не разговаривает, но ручной. Цапнул за палец, укусил перчатку. Больная тетка неприятная, анамнез осложнен, конечно, астма, диабет, лишний вес. Волосы крашеные, немытые, под глазами остатки теней. Банный халат. Пневмония средне-легкой степени тяжести, кислород хороший, одышки нет, кашель только, поражения процентов на 10. Хотят в больницу. Истерика. Звоним старшему врачу, одно место, и то в соседнем городе. Согласны ехать. В пути два часа, спим, задыхаясь, язык на плечо, в респираторе не видать наши рожи, и ладно. Врач приемника районной больницы подтверждает, место есть одно, под реанимацию. Бережет резерв для тяжелого случая, просит войти в положение и ехать домой. Не соглашаются. Когда и кто там помирать надумает, одному Богу известно, а статистика — баба дурная, на отдельных особях не работает, лечите.

— Поймите, не вы одни болеете, весь город болеет, эпидемия у нас!

— Это у вас эпидемия, а я жить хочу!

— И у вас, и у нас... Температура-то... 37,3, стыдно с такой скорую звать!

— Неделю уже, неделю!

— Для пневмонии пока еще нормально...

— Неделю, пневмония? Для вас это! Нормально! Все ясно, Россия! В России живем!

Госпитализировал.

Айдар не курит, и я не курю, но стоим на парковке и делаем такой важный вид, будто смолим одну за другой привычно.

— Не выживет, — внезапно говорит татарин.

— Процентаж низкий, течение легкое, прогноз хороший, место в больничке выбили, ты думаешь?

— Говорю, не выживет.

Война за человечность на этом участке проиграна. Люди победили, человеки проиграли, человеческое, челнок, вечность. Докурили.

Возвращаюсь на станцию, сдаю смену, светает. За ночь собрала 10 флаконов, пишу Погодину, куда передать. Ответ приходит: «Поздняк, умер». И куда их теперь?

Идет снег.

Что в имени тебе моем

Память не может продлить удовольствие или сократить боль. Важна лишь интенсивность аффекта.

Разговор в больничной палате

Солонка и сахарница на кухонном столе были украшены кусками лейкопластыря с размашистыми буквами «СОЛЬ» и «САХАР». Коробки с крупами подписаны шрифтом чуть поменьше, но тем же маркером и тем же размашистым почерком. В этой квартире подписано было все. Посуда, ящики с инструментами, бытовая техника, предметы личной гигиены в ванной, маршруты передвижения по всей квартире, подробные схемы со стрелочками. До крупногабаритной мебели и украшений руки инвентаризатора пока не дошли. Зато на холодильнике творилось настоящее графоманское безумие: списки продуктов, дел на день, неделю и месяц, имена друзей и знакомых и все те же схемы: стрелочки, квадратики, условные обозначения. Стены были увешаны обрывками бумаги, причем среди заметок и списков попадались изречения классиков, преимущественно на английском. Среди этого письменного безумия я чувствовала себя исписанным обожженным листом бумаги, несущимся непонятно куда и не пойми зачем.

Хозяйка квартиры появилась незаметно. Ольга Аркадьевна двигалась легко и осторожно, походкой, свойственной всем дамам ее возраста, не обремененным метаболическим синдромом. Возраст же наделил ее древесной хрупкостью, которая произрастает из многолетней коры выносливости и силы. Она красивая. Ей за пятьдесят, может, чуть больше, но это не имеет никакого значения. Она из тех, чья красота вне времени, потому что неразрывно сплетена с природной живостью ума, трудолюбием, легкостью бытия. Там, куда занесет ветер семена одуванчика, пустят они корни.

— Привет, — сказал Белоусов, — ты в порядке?

***

В дверь комнаты постучали. На пороге стоял Павел Андреевич. Тогда он тоже спросил, в порядке ли я. Так он приветствовал всех, с кем давно не виделся. Сашка была на работе, и я пригласила его зайти. Поставила чайник, вскрыла подаренную пациентом коробку хороших конфет. Едва дымящаяся кружка оказалась в руках Белоусова, он заговорил о деле.

— Есть одна пациентка, — сказал Белоусов, — моя хорошая знакомая. Я выписал ей системы. Надо прокапать на дому. Я знаю, ты на скорой, значит, хорошо делаешь. В долгу не останусь.

Павел Андреевич преподавал неврологию в моем колледже. Невысокий, сутулый, выглядел он не на свой возраст, а раза в два моложе. Даже сейчас, глядя на него, осунувшегося, будто чем-то придавленного, я бы не дала ему его паспортных 47 лет. Еще в колледже я думала, что, если взять да выпрямить Павла Андреича, и сменить дурацкие очки на линзы, да приодеть, оставив его строгий академический стиль, но хотя бы подобрать рубашку и галстук по цвету, был бы не скромный невролог, а ведущий прогноза погоды на телевидении. Личной жизни, насколько мне было известно, у Белоусова не было вовсе. Не то чтобы он избегал женщин, а существовал как будто мимо них, и оттого женщины его попросту не замечали. Преподаватель из Белоусова был никудышный, а врач — талантливый. Он мог пояснить что угодно самым простым языком, но лишь наедине. Белоусов мне всегда нравился, и я согласилась ему помочь.

* * *

«Ты в порядке?» — самый тупой вопрос из всех существующих. Пассивно-агрессивный «Как дела?» и то звучит лучше. Еще ни один идиот не додумался спросить: «Ты в порядке?» — когда ответ действительно мог быть положительным. Отвечать отрицательно же нам не позволяет защитная фальшь, которую мы привыкли называть вежливостью.

— Как видишь. — Все-таки она очень умная, умнее ограничений воспитания и неоднозначности языка. Даже сейчас.

На секунду ее взгляд стал недоумевающим и беспомощным.

— Я Паша, — поспешно сказал Белоусов, — Паша Белоусов. В гости пришел.

— Может, чаю? — Ее лицо осталось напряженным, только асимметричная морщина под правым глазом слегка разгладилась.

— Да, пожалуй. Посиди, я сам... — привычно Белоусов включил чайник и достал из пакета печенье. Она что-то хотела возразить, видимо, уточнить, известно ли ему, где находятся чашки и что у чайника крышка дырявая. Он успокаивающе отмахнулся рукой.

* * *

По замыслу Белоусова, я должна была приходить вместе с ним, и, пока система капает, а Павел Андреевич беседует с пациенткой, ждать в гостиной, ни с кем не разговаривать и ничего не трогать. Очевидно, ему была известна моя способность по несколько часов не отсвечивать, так что со временем все в помещении забывали о том, что я все еще здесь.

— Ну что ж, могу сказать, что все не так уж плохо, — профессионально-обнадеживающим голосом сказал Белоусов.

Надежды в голосе было ровно столько, сколько полагается при озвучивании безнадежных диагнозов, не так много, чтобы солгать, и не так мало, чтобы вызвать приступ паники. А вот с профессионализмом, пожалуй, перебор. Я попыталась понять, что скрывается за социальной маской, чуть глубже профессионального обнадеживания. Усталость. Больше ничего.

— Что там, Паша?

Не дожидаясь ответа, она заглянула врачу за плечо, рассматривая МРТ-снимок. Неврология, кажется, была далека от ее основной специализации, но кое-какие знания из краткого университетского курса у нее должны были сохраниться. Однако сейчас мозг отказывался улавливать в черно-белом автопортрете какую-то знакомую патологию.

— Атрофия в теменной коре и глубоких отделах височных долей, — сказал Белоусов, разворачивая к ней снимок. Профессиональная этика все-таки.

Теперь она увидела. Сетка темных борозд и пятен чуть шире, чем в атласе на картинке с подписью «норма». Еще год-два, и паутина из черной пустоты захватит ее мозг, постепенно отвоевывая память нейрон за нейроном, пока все, что она видит, слышит и ощущает, не превратится в сплошное недоумевающее ничто.

* * *

Ольга Аркадьевна, как я поняла из рассказа Белоусова, работала некогда в одном с ним заведении, то ли на кафедре, то ли в больнице, но специальность имела сугубо теоретическую, кажется, биохимик, и в свое время дослужилась до докторской степени. Что-то еще объединяло этих двоих, кроме работы и профессиональной взаимовыручки, что-то, о чем Белоусов предпочел умолчать.

— Ты ведь зачем-то пришел? — Она сделала большой глоток, не рассчитав температуру чая, и поморщилась. Обожженный язык будет болеть еще часа два, а она не сможет вспомнить, откуда эта боль.

— Ты уволилась из лаборатории, — сказал Белоусов. Вопросительной интонации не было, но он требовал ответа.

— Ушла. Да. Я перепутала группы. Контрольную и экспериментальную.

— Сертифицированные трансгенные линии недешево стоят. Тебя попросили?

— Я сама. Не хочу мешать.

— Ты можешь консультировать.

— Я уже почти ничего не помню, — в ее голосе наворачивались слезы, а через секунду она вновь недоумевающе посмотрела на своего собеседника.

— Я Паша, — ободряюще в который раз сказал он, — Паша Белоусов.

* * *

Я приходила через день в течение двух недель, затем забывала о ней на время, пока через месяц не звонил Белоусов с просьбой повторить курс. Он хотел оплатить работу деньгами, но я отказалась. Тогда он пообещал прорекламировать меня нескольким выгодным клиентам, на том и сошлись. Мне представилась редкая возможность наблюдать за развитием болезни у одного пациента на протяжении длительного промежутка времени. На скорой такое невозможно, там приехал, увидел, полечил и больше не вспоминаешь.

Она теряла память постепенно. Сначала забывала мелкие детали, данные днем обещания и планы на вечер, по инерции списывая все на невнимательность. Затем я заметила, как в разговоре она чаще полагается на интуицию, поскольку подробностей уже не помнит. Она записывала. Каждую мелочь, каждую деталь. И все равно ошибалась, и чем старательнее контролировала себя, тем хуже шли дела. С работы ее бы не уволили, ценили и уважали, а кто-то, может, даже и любил. Она ушла сама, как уходила всегда, предчувствуя момент, когда сотрудничество начинает быть в тягость. Я чувствовала, как она училась уходить всю жизнь, и сейчас этот навык помогал ей безболезненно и постепенно покидать ткань мироздания, не оставляя обугленных дыр и уродливых заплаток.

* * *

— Послушай, — Белоусов в нетерпении схватил ее за руку, — я могу помочь. Из доклиники выходит исследование. Одно из самых перспективных, по моему экспертному мнению, — конец фразы он начал проговаривать быстро, затем решил, что лучше вдавить больше фарса в слова. Предложение вышло размазанным и нелепым.

— Ты же видел прошлогодний отчет по прерванным во второй и третьей фазе испытаниям. Какая патология на первом месте?

Она смотрела на него с прищуром, пристолбив взглядом к табуретке. Белоусов улыбался.

— Ты вспоминаешь, когда злишься, — продолжая улыбаться, сказал он.

Ольга смотрела на него, закусив губу. У одних болезнь прогрессирует годами, другие теряют дееспособность уже через месяц-другой. Неврология — интересная специальность для любителей головоломок. Но есть один нюанс. Став неврологом, будь готов к тому, что ни одну болезнь ты не сможешь вылечить. Только поддержка. Паллиатив.

— А эти твои системы с... — она прищурилась, разглядывая этикетку, — с цитофлавином, ты думаешь, я не знаю, что это пустышка? Витамин?

— Это не пустышка, — твердо сказал Паша и соврал грубо, некрасиво, краснея и путаясь, — у меня десять пациентов было с Альцгеймером, и цитофлавин улучшал... продлевал... восстанавливал когнитивные способности.

Профессиональная этика, забитая в угол и придавленная сапогом, даже не пыталась сопротивляться, только раскалялась, прожигая обои на гипсокартонных стенах души.

* * *

— Тебе подлить? — Белоусов потянулся к чайнику.

— Не надо, — коротким жестом остановила его Ольга и, о чем-то задумавшись, уставилась в окно. Заоконный пейзаж отразился на серой с медно-зеленоватым отливом радужке. «Все существует до тех пор, пока кто-то об этом помнит».

— Тебе никогда не казалось, — она порвала молчание, как паутину в углу, нетерпеливо сметая остатки со стены и вытирая запыленные руки, — что те, кто пытались определить в хаосе происходящего высший замысел, начисто лишены наблюдательности? Мы строим теории, как воздушные замки, одним мысленным усилием логически связывая ничем не сопоставимые части, и тут же, не задумываясь, их разрушаем.

Белоусов рассказывал, как ценили на кафедре ее интуицию, интеллект. Я прислушалась. Разговор зашел в интересное философское русло.

— Наши способности, наш метод, — продолжала она, — дар, свалившийся нам на голову. Ты и сам, наверное, уже понял, что стоит поверить во что-то постоянное — весь метод полетит к чертям. Сегодня ты спас десять жизней, а завтра не смог спасти одну, и эта одна будет преследовать тебя всю жизнь. Не ищи в этом логики, просто... думай как создатель этого мира. И знаешь что? Существует только одна закономерность. Кто-то нарочно издевается над логикой, выстраивая события в единственно возможную цепочку, лишенную всякой последовательности. Логика до гениальности проста: вся логика в том, что ее нет, понимаешь?

Я слилась с диваном, но в этом не было необходимости. Они забыли обо мне. Пашка продолжал молчать. Он понимал, что должен что-то сказать, что-то жизнеутверждающее и важное, но молчал. Любовь никому ничего не должна, она просто есть и все.

— У меня была теория, — чуть спокойнее продолжала Ольга, — о забывающем надмозге.

— Забывающем что?

— Проницательность выражается в правильных вопросах. Ты как всегда проницателен, друг мой, — внезапно в Ольге включилась преподаватель с многолетним стажем, заведующая кафедрой и сессионный ужас студентов, — существует, знаешь ли, такой больцмановский мозг, метагалактический объект, точнее, даже субъект, единственный настоящий субъект, потому что все прочее — его фантазия. Симуляция, виртуальная лаборатория, как ее ни назови. Он изучает, понимаешь? Ставит опыты... и все время забывает. И повторяет, снова и снова. Войны, болезни, массовое безумие, все повторяется раз за разом, а он делает выводы и тут же забывает.

— Интересная теория, — Пашка, задумавшись, покусывал кончик чайной ложки.

— Возьми печенье, у меня нет лишних столовых приборов, чтобы тебя кормить, — мимоходом бросила Ольга и внезапно замолчала, вычерчивая взглядом какие-то непонятные знаки на стене. — А вы мне нравитесь... — каким-то нехорошим шепотом произнесла она. — Вы смешные, наивные, проницательные. Добрые вы. Только... я все время забываю, зачем вас создал. Я... оставлю вам время. Может, если вы будете, умирая, забывать, я что-нибудь вспомню?

Она развернулась и уставилась на собеседника колючим немигающим взглядом. В узких от солнечного света зрачках плескалось безумие.

— Это я, Паша, — устало и успокаивающе сказал он, — Паша Белоусов.

* * *

Перемены наступали медленно, но в ретроспективе весьма заметно. Ольга, как ни странно, становилась светлее и мягче. «С каждой отпущенной болью уходит какая-то частица тебя, — однажды сказал Белоусов, — видимо, это и в обратную сторону работает». Наблюдать за Ольгой ему было больно, но терпимо. Я знала, он примет ее любой, даже если однажды она его больше не вспомнит.

Ольга Аркадьевна аккуратно и разборчиво подписывала старые фотографии. Лица на снимках непринужденно улыбались, беспечно бросая взгляды в пустоту будущего. Она, наверно, знала, что забудет буквы раньше имен тех, кто изображен на фото, но все равно подписывала, как будто извиняясь за что-то перед улыбающимися лицами. Белоусов молча смотрел на нее, прислонившись к косяку.

— Опять ты здесь. Как ты вошел?

— Я сделал дубликат ключей.

Она сама дала ему ключи «на всякий случай» и начисто об этом забыла, а он по привычке тактично ей не напомнил.

— Как твои больные? Вы договорились с эндокринологами насчет того диабетика?

Они обсуждали пациентов Белоусова, тот рассказывал особо интересные случаи, специально, наверное, запоминал вопросы по ведению сложных пациентов. Ольга решала предлагаемые задачки в один ход, такого гибкого клинического мышления я еще не встречала. Я вдруг вспомнила агонию разума в безумных зрачках и сменившую ее ужасающую пустоту. Интеллект, лишенный своей библиотеки и лаборатории, затравленно бегущий по мышиному лабиринту психофармакологического стенда. Усталость и ожидание тишины, на которой все закончится.

— Тебе есть за что бороться? — вдруг спросил Белоусов, рывком развернув привычное русло диалога.

Ольга внимательно и печально посмотрела на фотографию.

— Я не хочу его забыть.

* * *

Надежда — сильнодействующее средство с кучей побочных эффектов. Белоусов хорошо это знал. Он выписывал Ольге надежду осторожно, не повышая без нужды дозировку, при этом даже не соображая, какой стратегии придерживается. Любовь не противоречит логике, она молча признает ее и идет своей дорогой. Любовь изначально неразрывно связана с мудростью и, возможно, поэтому всегда права.

В квартире кое-что изменилось. Со стен исчезли бесконечные списки, полностью уступив место цитатам классиков на английском и латыни. Полочки, подоконники и другие свободные поверхности занимали разноцветные оригами. Ольга сидела в гостиной, сосредоточенно водя пальцем по странице университетского учебника по биохимии.

— Дожили, — смущенно сказала она и тут же добавила: — Но я быстро учусь!

Паша ободряюще кивнул, мельком взглянув на номер страницы. Она читала учебник еще вчера, когда мы к ней заходили. Это была все та же 411 страница.

— Я начала учить стихи.

— Стихи? Зачем?

— Ты же сам посоветовал! Вот, послушай: «что в имени тебе моем, оно...» — Ольга начала вдохновенно и, запнувшись, беспомощно посмотрела на него.

— Продолжай.

— Я не...

— Начни с середины, — посоветовал Паша.

— Я помню миг, я помню век... — послушно начала она, — холодный дождь, горячий снег,

Вдали звучат едва-едва

Простые горькие слова:

«Что в имени тебе моем?

Оно растает под дождем...»

* * *

Дождливый день за окном усиленно старался быть неприветливым, но от этого становился только уютнее. Я заехала в дежурную неврологию по работе, отправила пациента на томографию и в коридоре увидела Павла Андреевича. Белоусов, уже сдав смену, не торопился снимать халат. Застыв посреди коридора, в инстинктивно огибающем его людском потоке, он внимательно разглядывал сканограмму головного мозга.

— Зона атрофии гиппокампа значительно уменьшилась по сравнению с предыдущими снимками... — бормотал он, уйдя в себя. Меня он даже не заметил. — Если не обращать внимания на...

Он начал движение в сторону выхода, я пошла за ним. Возле дверей его поймала санитарка, кажется, уже привычно сняла с него халат и накинула на плечи пальто. Ни на кого не обращая внимания, он продолжил движение.

Я выглянула в окно. Он шел, бороздя глубокие лужи, как океанский лайнер, забыв прикрыться зонтом от всепроникающего дождя, шел, пряча под пальто свой драгоценный снимок. Наверное, будет изучать его снова и снова лупой и специальной лампой, не понимая, что надеется там найти.

Когда я приходила в последний раз, время в квартире как будто остановилось. Домашний беспорядок человеческого присутствия стал нежилым и пугающим. Запомнилась оставленная на столе салфетка со следами крови от внутривенной инъекции. Разноцветные упаковки таблеток на полке с лекарствами, открытая пачка глицина, почти пустая. Она продолжала принимать пустышку.

* * *

Расписанная красными крестами «газель», сверкая проблесковым маячком, остановилась у подъезда. Выпрыгнувший из машины фельдшер фигурой и походкой больше напоминал уголовника, несмотря на форменную куртку скорой помощи.

— Але, бабуля! Вы где?

— Опять нет тела? — сонно поинтересовалась я, наполовину высунувшись из машины.

— Тела нет, — развел руками фельдшер.

— Нет тела, нет дела. — Я решительно захлопнула дверцу, оставив открытым окно.

— Не, подожди, — Костик побрел к детской площадке, спотыкаясь о скамейки и собирая боками грязь с припаркованных где попало машин, — тоже мне добропорядочные граждане, вызвали и свалили, делать нам больше нечего, «потеряшек» подбирать, для этого волонтеры существуют или на крайняк милиция... Опа, вот мы где!

Старушка сидела на качелях, завернувшись в клетчатый плед, и постепенно замерзала. Ей не было страшно или холодно, в глазах теплилось какое-то внесознательное спокойствие и всезнание. Она вяло и невпопад отвечала на наши вопросы, пока Костик ее будил, потряхивая за плечо и растирая обмерзшие пальцы. Она явно не понимала, какое всем до нее дело, и, стоило нам отвлечься на документацию, тут же забыла о нас. Внезапно что-то большое и громкое навалилось на нее, загородив слабое свечение фонаря. Это Костик, отчаявшись выяснить у старушки домашний адрес и контакты родственников, решил отвести невесомую бабулю в машину, чтобы там в тепле и при свете разобраться, что к чему. Но едва он оторвал старушку от качелей, она пронзительно закричала и в каком-то первобытном ужасе вцепилась зубами в волосатую лапищу фельдшера. Посветив фонарем ей в лицо, я увидела, как страх заполнил весь объем, что любезно освободила память, оставив небольшой наблюдательный пузырь сияющего безразличия.

— Так, допустим, сегодня было всякое, — вставляя мат через слово, фельдшер обрабатывал укус спиртовой салфеткой, — но вот бешеные старушки на меня еще не нападали.

— Может, она не бешеная. — Я, даже не пытаясь открыть глаза и перестать спать на ходу, снимала кардиограмму с «потеряшки». — Может, она вампир. Сейчас выйдет луна из-за туч, и начнется трансформация... — Я швырнула в напарника кардиограмму и принялась убирать провода. — Может, реланиум уколоть, а? А то мне с ней еще в салоне ехать, вдруг она и меня укусит, и будем вдвоем выть на луну...

— Ага, счас! Да нас вся подстанция засмеет: старушку победить не смогли! Поехали, что ли, в дежурную неврологию...

— Погоди. Давай еще одежду посмотрим, может, родственники куда записку спрятали... — Я принялась выворачивать карманы и расстегивать пуговицы, заглянула за воротник в поисках цепочки с кулоном, мельком взглянула на лицо и вспомнила.

Она постарела лет на тридцать. За два месяца. Всю волю, жизнелюбие высосало вместе с памятью. Ее согнуло и сморщило так, что я не узнала ее ни с первого, ни со второго взгляда.

Мы помчались на КТ исключать инсульт, потом — в дежурную терапию, где агрессивная медсестра, видимо, жертва энерговампиров-сердечников, решительно захлопнула дверь к терапевту, посоветовав бригаде доехать до психбольницы и пристроить бабулю с диагнозом «прогрессирующая деменция». Там Ольгу Аркадьевну и перехватил Белоусов, которому я дозвонилась по дороге. Он взял трубку сразу, как будто ждал моего звонка среди ночи.

Ольга сидела на скамейке в приемном покое, держа Белоусова за руку, и постепенно оживала. Когда ее лицо окончательно приобрело осмысленное выражение, Пашка решился задать вопрос.

— Ты как?

— Я помню, — тихо сказала Ольга. Похоже, она, как ни странно, помнила в подробностях тот промежуток времени, когда потеряла память, помнила ощущение теплой первозданной неопределенности и тосковала по нему. Прошлое лежало в одной плоскости с настоящим, и лишь будущее оставалось сокрытым, не представляя собой при этом никакой загадки. Она впечаталась лицом в устало обвисший пиджак Пашки и беззвучно заплакала. Стараясь не двигать корпусом, Пашка обнял ее свободной рукой. Я чувствовала, что это не слезы страха или беспомощности. Так плачут те, кто в попытках не потерять надежду безнадежно потеряли себя.

Они сидели на больничной скамье в приемном покое, маленькие, не вызывавшие к себе никаких чувств, кроме жалости. Они раз за разом сталкивались друг с другом и проходили мимо, пока вдруг не заметили, насколько они одинаково сломаны. Я их больше не увижу, вдруг поняла я, чем бы там все ни закончилось, не узнаю об этом. Только запомню двоих, постаревших невовремя и безвозвратно, обнявшихся в неровном свете больничной лампы. И все.

Больная совесть

А если это так, то что есть красота
И почему ее обожествляют люди?
Николай Заболоцкий

Ренат опоздал на два с половиной часа. Краснолицый, он ввалился на станцию, невразумительно оправдываясь сантехником и прорванными трубами. Диспетчер Сима невозмутимо обшивала свою маску дождиком.

— Так и скажи, что бухал, — бросила она, по привычке включив селектор.

Так о похмелье Рената узнала вся станция, благо начальства на ней уже не было.

С утра все кто мог отправились готовить новогоднее застолье. Заведующий, правда, успел еще пригласить к себе Наташку и поругать за плохую статистику. Наташка работать не любила хронически и всех больных по поводу и без повода возила в больничку, руководствуясь принципом «бригада едет — смена идет». «Вчера у тебя было девять пациентов, — заведующий выложил перед фельдшером печатные листы, — восьмерых из них ты госпитализировала. Последнего ты оставила, только потому что он был труп!» Наташа смотрела ясными глазами из-под светлой крашеной челки.

«Были показания», — пожала она плечами. На ее лице читалось, что и мертвого она бы госпитализировала, будь у нее желание. Заведующий оставил попытки достучаться до Наташкиной совести и отправился домой. По пути к выходу его перехватил кто-то из фельдшеров с вопросом «Чем закрыть бабушку?». «Крышкой гроба», — сказал заведующий и поспешил к новогоднему столу.

— Обрадуй меня, — попросила я Симу. — С кем я встречаю?

— С ним. — Сима не отвлекалась от рукоделия.

— Что, все сутки? — я взвыла.

— Он сам попросил. Сказал, новогоднюю трешнину будет встречать только с опытным фельдшером.

— Я в снегурочки не нанималась. Он же пить будет!

— И ты пей, — пожала плечами Сима.

И была права. В ночь на первое даже линия могла позволить себе глоток шампанского из крышки от термоса. Я догнала своего фельдшера на лестнице.

— Рассказывай, что справляли, — потребовала я.

Ренат был бледен во всем, кроме багрового носа, но держался достойно.

— Мамин день рождения, — сказал он, выкатив на меня воспаленные глаза.

— И как твоя мама? — Ренату под полтинник, ей должно быть лет 80.

— Бодрячком. — Ренат воспрянул. О своей маме он любил говорить и отзывался всегда с нежностью. — С подружкой справляла. У нас же теперь подружка в зеркале завелась.

— Какая подружка? — я не собиралась отпускать Рената, пока не выясню, что он в здравом уме и трезвой памяти, и пока насчет первого у меня назревали сомнения.

— О, она уже давно там живет, — Ренат обрадовался, что нашел пока свободные от этой истории уши. — У мамы моей шизофрения, инвалидность второй группы. В зеркале у нее, значит, собеседница. Целыми днями с ней болтает. И я спокоен, есть, значит, с кем ей поговорить. Вот мы собрались втроем, мама с ней, то есть с зеркалом, чокнулась, выпили за здоровье.

— Ясно. Подари ей трельяж, — посоветовала я и помчалась в фельдшерскую.

В комнате народу было на каждом диване. Днем население готовит салаты, ничем травмоопасным и криминальным не занимается и с давлением справляется самостоятельно. Ночью начинается, как выразился Ренат, «трешнина» — пьяные уличные драки, оторванные фейерверком пальцы, сломанные на катке ноги и вся травматология. Днем первого января пойдут спровоцированные застольем панкреатиты и прочие несварения. Второго начнутся отравления просроченными блюдами и аллергии у объевшихся подарками детей. Все праздники расписаны по часам. Пока смена перекидывалась бытовыми разговорами в фельдшерской и терпеливо ждала.

— Мы можем все, — сказал Даня голосом человека достаточно больного, чтобы быть абсолютно уверенным в себе, — можем поехать в «Макдональдс». Можем скататься в торговый центр, тебе же нужны сапоги? Хочешь встретить рассвет на набережной? Хочешь посмотреть финал драки бомжей за просрочку? У нас машина и вся ночь впереди, чего ты хочешь?

— Давай уже сегодня кого-нибудь спасем, — сказала Гуля, дрожащими пальцами натягивая на голову капюшон. Даня накинул на нее свою куртку и глубоко задумался.

На станции и правда было холодно. Даня с Гулей опять сошлись, может, потому, что, по слухам, он опять откололся. Надолго ли? *Sub specie aeternitatis* полярные шапки тают с рекордной скоростью, шестое массовое вымирание видов шагает семимильными шагами, вымирает кофе, исчезает пиво, грядет кризис миграции, а с точки зрения вечности мы абсолютно те же, доверчивые и сломанные.

— Нет, — сказала Гуля, с трудом удерживая взгляд широких переламывающихся зрачков, — поехали куда хочешь, за кофе и пирожками поехали, но нет.

Даня открыл бригадный планшет, бегло продиктовал адрес, озвучил «там давление и, возможно, инфаркт» и скомандовал «в путь». Бригада уехала.

— Я тоже хочу в «Макдональдс», — сказал Костик, провожая взглядом машину, — жрать.

— Нет, — непреклонно ответила Вера, — мы на диете.

— А они? — обиженно возразил Костик.

— Они тоже, — сказала Вера.

Костик с утра был зол и голоден. Вера худела, Костик страдал. Вместо полноценного обеда Вера положила в контейнер какую-то траву, даже без соли, и Костик с ужасом представлял, как в полдень ему придется есть это, и он будет есть, потому что голод станет невыносимым. Чтобы избавить свой мозг от этого кошмара, он с головой погрузился в содержимое коробки с лекарствами. На дне коробки лежала одинокая мытая морковь.

— Кто? — тихим ласковым голосом поинтересовался Костик. Тишина молчала.

— Это подарок, — наконец сказала доктор Гахович и опустила глаза.

— Из какой задницы вы ее достали? — голодный голос звенел и набирал обороты.

— Грубо, как грубо! — возмутилась фельдшер областной бригады. — Мы всю ночь по дачным массивам катаемся, фрукты-овощи собираем, вас, город, угощаем. Она же свежая, с огороду!

— С огороду, — тупо повторил Костик. — Какой огород 31 декабря? Какие дачи?

— Новый год на дачах справляют, — сказала Гахович. — А морковь из погреба.

Костик обвел взглядом присутствующих.

Макс взгляда не выдержал и отвел глаза. Костик швырнул морковку в него, Макс поймал корнеплод и впился в него зубами.

— Еще одного не докормили, — с тоской констатировал Костик, — ладно, я жирный, а тебя за что?

— А моя тоже на смене, — набитым ртом пропыхтел Макс и сплюнул кровью, морковь оказалась жестковата. — Траву, может, мне тоже отдашь? Она вообще не готовит, понимаешь!

— 167-я, на вызов, 187-я машина на вызов, 90-я на вызов, уличный, срочный, все на вызов, вызов! — заголосила Сима по селектору. Заходя на пост, Сима всегда орала. Ей хотелось, чтобы ехали быстрее.

Неотложка Макс сорвался с места. Костик с Верой исчезли. Они уже давно были вместе и, наверное, теперь не расстанутся. Вера задумалась о детях, хочет двоих, Артура и Вику. Костик планирует назвать близнецов Гензель и Гретель и «выкинуть из дома, пускай крошки собирают». Даня предположил, что как бы их ни звали, а с графиком Костика родятся эти двое на станции. «Они на ней будут зачаты!» — гордо возразил фельдшер. Шуточки шутками, а пара уже взяла в кредит плазму и робот-пылесос, а это верная гарантия долгосрочных отношений. Они разойдутся через месяц. Вера уйдет и заберет с собой телевизор. Как бы они ни любили друг друга, как бы ни взрослели. Фельдшер всегда один.

На станции остался Рафик. Ренат, страдая, поплелся к своему дивану.

— Где бухал? — лениво поинтересовался Рафик.

— На дне рождения, — сказал Ренат.

— А где оно, дно рождения? — спросил Рафик.

— Знать бы, — ответил Ренат.

Ренат давно бы мог воспользоваться своим багажом аптечных знаний и из подручных лекарств намешать себе целебного зелья, спасающего от похмелья, но у него был принцип: перебрал — страдай. Рафик тоже хотел выпить, вообще хотел в хорошую компанию за хороший стол, а ему взяли и поставили смену. На станции одна я ничего не хотела и никуда не стремилась, а в Новый год вышла добровольно, не с кем и незачем было встречать.

Рафик раздобыл в диспетчерской красный фломастер и теперь старательно портил рабочую форму, пририсовывая на грудной карман халата очередное сердечко. Красные кривые сердечки обозначали заведенные лично Рафиком сердца. Всего сердечек было три, фельдшеру не нравилось, что так мало, но нарисовать больше не позволяла профессиональная этика. Он обязательно нарисует новые, когда появится повод, в этом Рафик не сомневался, но не сегодня. Сегодня пусть все будут здоровы.

Прокуренным голосом Сима зачитала по селектору новогоднее поздравление в стихах, завершила его торжественным «с Наступающим, коллеги!», выдержала драматическую паузу и добавила: «Всем вызов!»

Рафик недовольно зашипел и спрятал умыкнутый фломастер в карман.

На парковке мы встретили Наташку. Она ходила вокруг своего рабочего транспорта, ногой сбивая грязные сосульки с покрышек, и советовалась с механиком, что бы такого сломать в машине, чтобы встать на легкий, но продолжительный ремонт.

* * *

Мы подразделяли полоумных старушек на два типа: мегеры и божьи одуванчики. О мегерах было немало рассказано историй в диспетчерской и великое множество новых матерных выражений сочинялось в их адрес. Об одуванчиках молчали. Рассказывать там особо было нечего.

— Вот мои детки-конфетки, как быстро приехали, — прошамкала беззубым ртом невесомая старушка с паутиной серебристых прядей, спрятанных под платок.

Одуванчики были хрупкими и стройными, мегеры почти всегда страдали лишним весом. В квартире одуванчиков было бедно и чисто, в избытке имелись накрахмаленные салфеточки и бумажные иконки, на каждой полочке была копеечная восковая свеча в подсвечнике. В праздники и в дни отключения электричества все это поджигалось, одна из свечей ставилась на подоконник. Раскачиваясь на скрипящей табуретке в ожидании традиционного чая от бабули, я вдруг вспомнила, как, работая в инфекционной бригаде, мы завалились в ковидных скафандрах на адрес, где во всем доме не было света. На подоконнике карантинной квартиры горела свеча, бригаду в фантастических одеяниях тоже встречали со свечками. Я сперва обрадовалась, что в реквизите пока не прибавилось гроба с покойником и наряженного в респиратор священника, а потом увидела в зеркале свое отражение, подсвеченное церковным огоньком, и больше скафандр на адреса не надевала.

Одуванчик никогда на здоровье не жаловалась, на все у нее было «слава Богу», причину вызова скорой установить было невозможно. И мегерам, и одуванчикам выставлялся один диагноз «дисциркуляторная энцефалопатия». О механизме этого заболевания мы имели весьма смутное представление, ДЭП, он и есть ДЭП.

Чайник вскипел, «деткам-конфеткам» были предложены просроченное печенье и червивый шоколад. Я изучила упаковку и отобрала у Рената угощение, запихав его поглубже в контейнер с отходами биологической опасности. Ренат принялся за пустой жидковатый чай. Бабуля продолжила повествование о своей жизни. В жизни она ничем не болела, и сейчас у нее все слава Богу, но скучновато. В гости никто не ходит, только детки-конфетки, которых она по телефону 03 приглашает на чай. От стипендии до пенсии бабуля отработала нянечкой в детском саду. Дети у нее всегда были сытые и умытые, с подтертыми соплями и без синяков, от проверяющих комиссий никогда ее работа не получала дурного отзыва. В положенном возрасте бабулю отправили на покой, затем вернули по кадровому дефициту и лишь в 70 лет позволили запылиться на складе человеческого вторсырья. Ренат честно напряг извилину, решая, чем бы таким полезным полечить бабушку, но извилина лишь свернулась и выпрямилась, как пружина, не выдав ни одной порядочной мысли. Тогда Ренат допил чай и приказал мне сделать бабушке укол мексидола, бессмысленный и болезненный акт сочувствия. На прощание старушка подарила нам вышивку ручной работы: на пожелтевшем полотне гладью был выполнен лебедь в профиль. Лебедь отбрасывал тень на проросшую кувшинками голубую заводь и печально смотрел единственным черным глазом.

* * *

Всю дорогу Ренат ехал в багажнике. Там не так слепило с улицы, а похмелье фельдшера все никак не отпускало. Наконец, решив, что он достаточно помучался, первый номер приказал тормознуть у «КиБ», пообещав «я быстро, одной ногой тут, другой в могиле». Вернулся и вправду быстро, взял два шкалика, завернув их, не смущаясь, в фирменный пакет. По дороге один опорожнил, вылечился, повеселел. Из багажника потянуло табачным дымом.

* * *

Мы выбрались с инфекционного адреса вспотевшими и задохнувшимися. Скафандр неприятно прилип к коже, на адресе топили по-зимнему, а открыть окно было нельзя, хозяева температурили. Заходя в лифт, Ренат проковырял в респираторе дырку для сигареты и приготовился, выйдя на улицу, тут же закурить. Этажом ниже в лифт заглянула, хромая, почтальонша, заметив скафандры, шарахнулась на выход, но Ренат дружелюбно втащил ее внутрь и нажал кнопку первого этажа. Почтальонша испуганно натянула маску по самые очки. Ренат из вежливости тоже поправил респиратор и заткнул-таки дыру предназначенной для нее сигаретой.

— И что там? — опасливо спросила почтальонша.

— Обыкновенная история, — вздохнул Ренат. — Народ паникует. Температура и запахи пропали.

— Ну это, это же... — вздрогнула почтальонша.

— Да, оно самое, — подтвердил Ренат.

— Но у меня есть — вот! — быстро сообразила почтальонша и достала из сумочки антисептик.

— Это хорошо, это на руки, — одобрил Ренат, — надо еще внутрь.

— Это — внутрь? — удивилась почтальонша.

— Это внутрь нельзя, — мягко поправил Ренат, — внутрь надо водку, а лучше коньяк.

— Но я — на работе, — напомнила почтальонша.

— Профилактическую дозу, — сказал Ренат, — один глоток. Это на лечение меньше чем две бутылки не уходит. Кстати, вот. — Он порылся в аптечке, достал флакон семидесятипроцентного и плеснул на донышко стерильной банки для сбора мочи. — Выпить и выдохнуть через нос. Дезинфекция.

Почтальонша приняла баночку, подозрительно принюхалась, отвернулась, затем снова заглянула в глубину лицевого щитка скафандра, отважно сделала глоток и закашлялась. Ренат виновато поискал по карманам, что бы предложить на закусь, и вспомнил, что карманов у скафандра нет. Лифт застрял.

* * *

— Твари. Сволочи, — Ренат показал мне экран смартфона. На экране было приложение «Сбербанка», текущий счет составлял круглую сумму со знаком «минус».

— Бизнес рухнул? — предположила я.

— Жена ступила, давно еще, потому развелись. Сошлись вот сейчас. Я ей алименты должен, их суд не вычитает. Она со мной делится. Выгодно. Да и обиды уже не осталось.

Ренат запрокинул голову и уставился на тусклую лампочку. С диспетчером связаться удалось, но аварийная команда задерживалась. Я поставила чемодан на пол и села на него, приготовившись ждать, слушая Ренатовы байки. Почтальонша свернулась клубком в углу. Застрять в одном лифте с ковидными было жестоким испытанием для ее психики. Ренат продолжал.

Жена в свое время набрала на его паспорт микрозаймов под большие проценты, супругу ничего не сказав. Когда узнал, подал на развод. Долг остался. Несколько лет хапуги-коллекторы тащили с зарплатной карты Рената все, что на нее приходило, но татарин был хитрее. Входящие начисления скидывал надежному другу. Большую часть денежного оборота перевел в наличность. Наконец состоялся суд. Ренат оформил банкротство, нанял финансового управляющего. Суд постановил в пользу банка списывать все начисления, кроме прожиточного минимума и алиментов. Фельдшер ушел на полставки, оформил уход за мамой по инвалидности. На второй работе его перевели на «серую» зарплату. Жизнь наладилась. Что фельдшер намерен делать дальше, я так и не поняла.

Прибыла аварийка, высвободила бригаду и почтальоншу, которая под угрозой психической травмы и вездесущей инфекции к тому моменту допила угощение Рената и изрядно захмелела. Мы продолжили спасать мир.

* * *

Старушка умирала натурально. Лежала на диване пластом, стонала и охала, умоляла пристрелить ее, чтобы не мучилась. Ренат пребывал в глубоком раздумье. Органически у бабули ничего не обострилось, давление не шалило, признаков инсульта не наблюдалось, кардиограмма показывала ровный ритм. Внутри старушкиной души было пустынно и одиноко, вот в чем заключалась болезнь. Ренат это уже сообразил, но пока не прикинул, чем тут можно помочь. Я молча ждала указаний.

— Одна я осталась, родненькие! — причитала бабка.

— Минуточку, — уточнил Ренат, — а кто же нам тогда дверь открыл?

— А, сын, — замотала наполовину крашенной сединой старушка, — алкаш-тихоня. Сидит у себя в комнате и бухает, слова от него не дождешься.

Диагноз с каждой минутой обрастал доказательствами. Лечение замелькало на горизонте.

— Вам, наверное, и щи-борщи готовить некому? — я не удержалась и сглотнула слюну.

Ренат подозрительно на меня посмотрел. Старушка подтвердила. В голове у фельдшера окончательно прояснилось.

— А ну-ка, бабуля, сделайте нам чаю! — приказал он и добавил: — С бутербродами.

Старушка издала торжествующий вопль и бросилась на кухню, ногами сшибая вырастающие на пути табуретки.

— Сейчас я вам и чайку, и бутерброды, и супчик со сметанкой! — сыпались с кухни угрозы одна за другой.

— Со сметанкой не надо! — спохватился, посмотрев на часы, Ренат. — Только чай!

Я торопливо прихлебывала кипяток из кружки и закусывала нарезанными дольками лимона, ажурно разложенными на блюдечке с золотистой каймой. Бутерброды Ренат решительно собрал в пакет, лаконично пояснив бабуле: «Для водителя». На звуки продуктовой деятельности из дальней комнаты выбрался в красках описанный бабулей сын-алкаш.

— Это что вы ей вкололи? — приватно поинтересовался он, отсвечивая на всю кухню полученным в уличной драке фонарем под глазом. — В жизни она так не бегала!

— Секретно-военная разработка, — сказал Ренат и строго добавил: — Бухать надо меньше.

Время вызова вышло. Я допила чай и распихала по карманам бутерброды, которые бабуля успела нафабриковать, пока Ренат записывал следующий вызов. Осталось пустой строка «заключение». В международной классификации болезней нашлось место диагнозам «старость» и «боль, не классифицированная в других рубриках», но фельдшер закрылся обычным гипертоническим кризом.

* * *

— Ну что это за Новый год! — Валера ныл и бился башкой о подголовник, отчего машина ходила ходуном. — Раньше работали — подарки в машину не влезали! Наливали на каждом вызове! А это что? Три просроченные мандаринки? — Валера стукнул кулаком по рулю и озвучил: — Едем к моим. Как раз стол почти накрыт.

Первый номер не возражал. Позвонил диспетчеру и оформил вызов, якобы на квартире Валеры кому-то плохо. Валера машину покидать не мог по инструкции, попросил вынести ему чего-нибудь перекусить. Мы рванули к подъезду. Время пошло. На часах закатного неба был поздний вечер.

— Кто? — сонным голосом спросили в домофоне.

— Скорая! — ответил Ренат.

— Валер, это ты? — спросили неуверенно в домофоне.

— Мы за него. Бригада, — сказал Ренат.

Дверь размагнитилась.

Мы взлетели по лестнице и успели к щелчку открывающейся квартирной двери. Встречала девушка в одном халатике, под удивленными глазами размазалась зеленая тушь. То ли дочь, то ли молодая жена, понять было невозможно. Ренат сбросил куртку, снял обувь, оброс тапочками и рванул к столу.

— А вы кто? — спросила меня девушка.

— Я ненадолго, нет смысла знакомиться, — я проследовала в квартиру.

Однушка была приготовлена к празднованию в соответствии со всеми традициями: несколько разновозрастных женщин суетились на кухне, между ними мешал и капризничал дошкольник. В комнате котенок обдирал искусственную елку. По телевизору крутили советскую комедию.

Валера немного не рассчитал, стол был пока не готов. Нам предложили самостоятельно обчистить холодильник и перекусить тем, что найдем. Ренат осуществил ревизию. На дне кастрюли красовались остатки макарон, в дверце завалялись два сырка, какая-то замазка для бутербродов и черный хлеб. Всю еду фельдшер поделил на двоих, только макароны смял единолично.

Девушка с зеленой тушью стояла в дверях и тревожно наблюдала. Когда от нехитрых запасов еды остались одни крошки, она осторожно поинтересовалась насчет котика.

— Котенок? А что с ним? — набитым ртом уточнил Ренат.

— Опухоль какая-то, — пояснила девушка.

— Я посмотрю.

Я зашла в комнату, оторвала котенка от елки и безнадежно ткнула пальцем в тощий полосатый бок. И речи не было о том, чтобы я что-то понимала в кошачьих болезнях, проведя нехитрую аналогию с человечьими хворями, я выдала:

— У него пупочная грыжа. Надо обратиться к ветеринару. У нас в медицине катастроф работают отличные ветеринары.

Зеленая тушь приобрела оттенок задумчивости. Женщина у окна отвлеклась от нарезки оливье в промышленных масштабах и подтолкнула к нам дошкольника. Мальчишка в зеленом комбинезоне с лунтиками перебирал стандартные способы обратить на себя внимание взрослых и теперь ныл, что у него болит живот. Ренат молча перекинул фонендоскоп со своей шеи на мою — передал инициативу. В болезнях котов и детей фельдшер был не силен. Я завела привычную шарманку: «Как тебя зовут? Какой у тебя красивый костюмчик! А где у тебя животик болит? А что ты кушал сегодня? А ну-ка, попрыгай как зайчик!» Завершив опрос, я выдала заключение:

— Мам, дети с аппендицитом так не прыгают. Покормите ребенка, он не может весь день обрезками от колбасы питаться.

Пока нас не попросили посмотреть еще кого-нибудь, мы заторопились к выходу. Одеваясь, Ренат отбивался от котенка, полюбившего его за запах валерьянки. От Рената всегда пахло валерьянкой.

* * *

Бабка каталась по полу, издавала неясные звуки, размахивала руками, была неконтактна, неадекватна, дезориентирована. В квартире не было ни намека на ожидание праздника.

Была болезненная захламленность, обычная для жилища инвалида, который никому не нужен. На полу и по всем поверхностям комнаты во множестве валялись инсулиновые шприцы с использованными иглами. Не квартира, а минное поле, подумала я, с опаской расчищая себе рабочее пространство. Ренат производил каждое движение с осторожностью. Колоть коматоз он мне не доверил, опустился на колени, пристраивая глюкометр поудобнее. Он всегда отличался неторопливостью и неуверенностью и даже получил среди коллег прозвище «размазня». Со временем опыт перекрыл неуверенность, а осторожность ушла в кровь да там у него и осталась.

Ренату наконец удалось поймать бабкину руку, проколоть палец и выдавить каплю на полоску глюкометра. 2,5 — это мало, очень мало. Мозг гибнет без сахара. «Бабуля, ну вы же опытный человек, как можно было промахнуться с дозировкой?», — упрекнул ее Ренат и полез в аптечку за глюкозой. Бабка продолжала кататься по полу. Ренат набрал 20 кубиков в шприц и встал на колени, уговаривая бабулю одолжить ему на минутку ручку. Бабка в контакт не вступала и только совершала неосознанные попытки уползти куда подальше от страшного человека с иглой. Ренат вооружился шприцом и осторожно пополз следом. Так вдвоем они доползли до коридора и там обнаружили сына бабули. Он вернулся с рыбалки и разбирал снасти, не обращая ни малейшего внимания на странные телодвижения фельдшера и мамаши.

— Эй ты, рыбачок! — Ренат поднялся с колен. — Почему за мамой не следишь? Чем ее накормил?

— Гречка, судак, мороженое... — Рыбак на всякий случай поднял руки.

— А мороженое она шлифанула инсулином, как обычно? Сколько единиц? Вы совсем считать разучились? А ну, держи ей руку! — Ренат зафиксировал локоть бабки в удобном для себя положении и загнал иглу точно в вену.

После укола бабка возиться перестала, но и в себя пока не пришла.

— Бабуля, ну пожалуйста, открой глазки, — уговаривал ее Ренат, параллельно заполняя карту. — Полный шприц глюкозы, тебе мало, что ли? Ну дурак сын у тебя, ну ты слабоумная дура, ну проснись, чего тебе стоит?

Карта была почти заполнена, осталось отметить в заключении «улучшение» и описать момент выхода из комы. Но улучшения пока не происходило. Юнусов вздохнул и набрал еще 20 кубов. Второй укол дался ему легче, тело бабули больше не сопротивлялось.

— А теперь оживай, — приказал Ренат, — больше у меня глюкозы нет. Пожми мне руку, вот так, моя хорошая. Дура ты старая, вот что я скажу. Ну, ответь мне, как тебя зовут? Мария Степановна, ответь что-нибудь! Машенька!

— Толя, это ты? — старуха открыла глаза.

— Нет, не я, — с облегчением сказал Ренат. — Толя, судя по всему, твой — это вон. Прощайте. — Мы собрали вещи и ушли, осторожно прикрыв за собой дверь.

* * *

— Народ наш ожмотился и обнищал, — начал Ренат, готовясь коротать дорогу, рассказывая истории из своей жизни. Ни дорога, ни истории конца не имели. — Зуб даю, что на станцию нас в ночь не запустят. И не будет ни одного достойного повода! Будем кататься по всякой фигне. Верно ты говоришь, Валер, раньше и конфет полный багажник, и фельдшер был пьян и весел, и никто ему за это слово не говорил! А сегодня с утра начальство пообещало в ночь на станцию контролеров прислать, посмотреть, кто из смены бухает. Ну не свинство ли? — Второй шкалик фельдшер употребил, на том и остановился, норму знает. — Пусть смотрят! Пусть сначала догонят! — Ренат погрозил невидимому начальству кулаком. — Помню, раньше всегда, как полночь — все бригады на станции. Поляна накрыта! Даже если вызов поступит, раньше чем в два часа не выдвигались. И никто слова не говорил! А сейчас температура — хоть тебе десять минут до пересменка, лети на вызов. Главврач распорядился — все в интересах пациента! «Здоровье населения — наша первостепенная обязанность, честь белого халата — наше призвание»! — процитировал он плакат на стене в диспетчерской. — Помню, лет ...дцать так назад, сидим мы с Андрюхой, встречаем. Полночь, за окном салюты палят! Поступает. Срочный. Без сознания. Кабанчиками метнулись, вылетели. Время двенадцать доходит, а мы по этажам ползем, стыдно сказать, с дефибриллятором. Поднимаем глаза, а на лестничной площадке здоровенный мужик курит. Температура 37, видите ли, у него. В полночь первого января, какого... полового органа, — он покосился не меня, — тебе надо? Андрюшка — мужик серьезный. Чемодан открыл. «Димедрол, — показывает на весь наш запас, — в задницу, все что есть. Аминазин, — командует, — тоже весь». План лечения выполнили и уехали. Говорили, была там еще бригада после нас. Давление у красавца рухнуло, сутки проспал, весь диван проссал. Такие тогда были порядки.

Я слушала фельдшера сквозь дрему. Половину он сочинил, конечно, но врал складно.

— Была у твоего друга Казанцева, — вдруг вспомнила я.

— Что делали? — поинтересовался Ренат.

— Похмелье лечили, — я вздохнула. Ничего нового.

— Правильно меня к нему не отправляют. Ух, я бы его! Осадочек остался, — признался фельдшер.

* * *

До ночи бригада работала без приключений, насколько это можно сказать про скорую. А затем одну бабулю черт дернул подарить нам бутыль домашней настойки боярышника. Ренат обследовал ее со всех сторон, сглотнул, причмокнул, понюхал и закинул на дальнюю полку. Однако затем тот же чертенок подсказал диспетчеру дать нам инфекционный адрес, и фельдшер сдался.

Вместо того чтобы наряжаться в СИЗ и поливать себя дезинфектантом, он приложился к бутыли и натянул респиратор, чтобы не тянуло на больных.

— Ты б хоть свет выключил, — сказала я, — там снаружи всякие наблюдатели.

— И зачем им наблюдать? Как фельдшер инфекционной бригады осуществляет текущую де...езинфекцию? — настойка срубила связность Ренатовой речи моментально.

***

Смена шла, а инфекционные вызова сыпались один за другим. Бутыль угрожающе пустела. Ренат передвигался с моей помощью, поскальзываясь и путая подъезды. Координация подводила фельдшера, ум же оставался ясен, и в вену попадать он не разучился. Не было такой отравы, что смогла бы выбить из фельдшера этот навык. Мне оставалось лишь следить за временем, само понятие которого спьяну Ренат не вмещал, поддерживать его под локоть, пока мы штурмовали забытые снегоуборщиками дворы, и прятать бутыль от глаз пациентов, которых мы госпитализировали.

В ковидном госпитале нас попросили взять перевозку. Вывели из красной зоны худосочного интеллигентного дедулю в пальто поверх пиджака и шапке-ушанке. При дедуле из вещей был только дипломат. Вместе с пациентом космонавты нам вручили сопроводительные документы и молча удалились.

— Озвучь, чего пишут, — попросил Ренат. Зрение его подводило.

— «По результатам КТ легких пневмония исключена. Обнаружено новообразование в правом легком. Suspitio C-r легкого. Гидроторакс. Направление в дежурную хирургию», — прочитала я.

— Вот вам подарочек на Новый год, — фельдшер душевно похлопал дедулю по плечу, — нет у вас ковида!

— Ковида нет, а рак есть, — сказал дедуля, — хорош подарочек.

В воздухе повисла неловкость.

— Однако для вашего возраста прогноз развития относительно благоприятный, — сказал Ренат. — Чем старше, тем медленнее прогрессия.

— Я знаю, — сказал дедуля, — я сам из медицины. Судебный психиатр. У вас сигаретки не найдется?

Ренат завозился по карманам, угостил дедулю и сам закурил, не забыв закрыть окна. Кузов наполнился тяжелым дымом.

— Откройте дверь! — взмолилась я, кашляя.

— Нельзя, заметят, — сказал Ренат.

Я поспешно покинула кузов. Устроилась заполнять документацию в кабине. Дым пробирался сквозь щели в переборке. Надо было написать карту, а то Ренат в текущем своем состоянии ручкой в бумагу не попадет. В кузове тем временем докурили и дали команду трогаться. Я ехала впереди и разговора фельдшера с психиатром не слышала.

Пациента в хирургии приняли. Время было 23:30. Мы быстро загрузились в машину, Ренат набрал диспетчера и попросил пощады. Он не терял надежды встретить на станции. «Не могу, — вздохнул диспетчер, — срочный, без сознания». И продиктовал адрес. Ренат распорядился включить сирену. Хоть с песней поедем.

* * *

Мы взлетели по лестнице, позвонили в квартиру. За дверью празднично звенели столовые приборы, нечто тематическое транслировал телевизор. Я на пробу толкнула дверь, не заперто. Мы попали в прихожую и заглянули в ближайшую комнату. В комнате был накрыт стол, за столом сидели люди.

— Вам не сюда! — нам навстречу выскочила женщина с тщательно уложенной прической. Малиновое вечернее платье покроя 80-х сидело на ней идеально, скрывая недостатки фигуры.

Она проводила нас в другую комнату, где на диване, обложенная подушками, лежала бабуля, тоже наряженная и причесанная и очень бледная. Из анамнеза мы выяснили, что, проводив старый год стопочкой коньяка, пожилая леди почувствовала себя дурно и потеряла сознание. На момент осмотра давление и неврологические пробы были в норме, очевидно, алкоголь спровоцировал у непривычного организма временную сосудистую недостаточность. Напоив бабулю корвалолом, мы двинулись к выходу. Я снова заглянула в комнату с праздничным столом, чтобы попрощаться.

— Идите-идите! — та же женщина подтолкнула меня за дверь и положила в карман два мандарина.

Под бой курантов и обрывки речи президента мы вышли на лестничную площадку.

— Суки, — сказал Ренат и набрал диспетчера. — Шеф, ну сейчас-то можно на станцию?

На телефоне сидела стервозная Муравьиха. На станцию она, конечно, нас не отпустила. «Уже три бригады на обеде, куда вы ломитесь?!», — протянула она в своей обычной манере и продиктовала вызов. Температура, боль в ухе, болеет двенадцатый день.

— Твари, — констатировал Ренат.

— Убила бы, — с тоской процедила я.

— Сколько с тобой работаю, — подумав, сказал Ренат, — первый раз я не против. А если их будет много, я тебе даже помогу.

В подъезде стояла наряженная елка. Не церемонясь, я содрала с нее мишуру и развесила ворованные украшения по салону.

— Вандализм, — сказал Ренат, но препятствовать не стал.

Валера, пока нас не было, смотался в соседний двор к своему дому, и жена вынесла ему несколько контейнеров с горячим и салатами. Мы накрыли в машине поляну и, пока машина мчалась по ночному шоссе, угощались, допивая остатки боярышника. На улице грохотали фейерверки.

***

На полдороге вызов отменили. Мы вернулись на станцию. Остальные бригады уже были там. Диспетчер вручила нам подарки от администрации. В пакетах были банка кофе, палка сырокопченой и лососевая икра в консервной банке. Из линейных одна Наташка смогла встретить на станции. Она договорилась с механиком скрутить фишку с датчика коленвала.

Ренат открыл свой сухпаек и ел икру ложкой, не озаботившись поисками хлеба. Он был безобразно и восхитительно пьян.

— Моя первая любовь была намного старше меня, — продолжил фельдшер свою бесконечную историю, — мне было 16, ей 26. Я приводил ее в общагу по вечерам. Соседа отправлял гулять. Он спрашивал, чем я занимаюсь с такой видной и взрослой барышней. Я говорил, что играю ей на фортепиано. Потом меня в армейку призвали, и я с ней порвал. Она расстроилась. Призналась, что планировала от меня залететь, да не вышло. — Ренат вдруг заметил, что я его слушаю. — А ты мне нравишься. Почему я до сих пор ни разу не предложил тебе заняться сексом? Может, потому, что ты ни разу бы не согласилась...

— Ты старый и больной. Зачем ты мне нужен? — сказала я. — Я спать пойду.

— Иди, — сказал Ренат, хотя в его одобрении я не нуждалась. — Командир, ты же не против, что она спит? — обратился он к Валере, уминающему свой сухпаек. — Девчонка истощена. Работой, мыслями и... отсутствием мужика.

Я вышла.

* * *

Больше, чем что-либо в своей дурацкой работе, я не люблю подкидышей. Подкидыши скрываются за кодировкой «40Д — Прочие перевозки». Взросленьких находят на детских площадках, автобусных остановках и в торговых центрах. Малышей подбрасывают в подвалы, на чердаки, лестничные клетки и в мусорные баки. Дети младше четырех лет по распоряжению муниципалитета достаются скорой помощи. Чаще всего чистенько одетые, не успевшие пообноситься и завшиветь.

Подкидыша нам вручили в детской комнате полиции. Его нашли в подъезде, теплого. Не успел замерзнуть. Малышку Ренат усадил в большую картонную коробку из-под систем и вручил ей шелестящую упаковку со шприцами. Пока ребенок занимался изучением нового предмета, Юнусов приказал водителю быстрее трогаться в Дом малютки. Детским питанием на время перевозки нас обеспечили, но ни кормить ребенка, ни успокаивать внезапную истерику у нас не было никакого желания. Печка, работавшая в салоне на полную мощность — сопли нас тоже не устраивали, — выжрала весь бензин, и по пути машина заскочила на АЗС.

На заправке уже стояли две бригады. Ренат побежал курить. Я выглянула на улицу. В одной из машин Даня с Гулей беспробудно спали на переднем сиденье в обнимку. Их водитель сливал бензин. К нам подошли Вера с Костей, на ходу перекусывая хот-догами.

— Надо же, обычная булка с сосиской, а как вкусно, — наивно восхищался Костик.

— Когда мы тостер купили, ты также удивлялся, — напомнила Вера. — Ой, это кто у нас такой?!

На секунду в мой голове промелькнула шальная мысль, что сейчас кто-то из них перепишет данные подкидыша, но это, разумеется, была казуистичная новогодняя бессмыслица, и думать о таком был вредно. Ренат вернулся.

— На заправке кофе «скорякам» бесплатно, — сказала Вера.

И Ренат пошел за кофе.

* * *

Мальчишка лежал на носилках. Мишура под фонарем отбрасывала блики на его лоб. Он был без сознания. 15 лет, или спайсы, или синтетика, решили мы. В карте написали алкоголь, чтобы не портить ребенку будущее. Мальчонку нам запихнули в машину несколько взрослых парней, пояснив, что нашли его в подъезде и «дело молодое — не ментам же его сдавать». Ренат диктовал мне карту вызова: «улучшение: обмочился, потеплел». Пока я записывала, он вооружился фонендоскопом и полез проводить осмотр.

— Зачем? — запротестовала я. — С ним и так все в порядке. И надо тебе там ковыряться, он обоссанный весь.

Ренат ничего мне не ответил.

— И тебе не стыдно с таким везикулярным дыханием валяться по подъездам? — спросил он у мальчишки.

* * *

Мы вернулись сдавать смену. На станцию Ренат зашел, повиснув на мне и едва перебирая ногами. Сима, выглянув из диспетчерской, зацокала нам вслед. Я дотащила своего Деда Мороза до дивана, укрыла одеялом, поправила маску на носу. Села дописывать карту.

— «Сосуд она, в котором пустота, или огонь, мерцающий в сосуде?» — декламировал тем временем фельдшер. — Впрочем, вашему поколению Заболоцкий вряд ли знаком.

Я отвлеклась от карты.

— Откуда столько всего сломано? — спросила я в надежде, что плавающий в алкоголе мозг найдет ответ на риторический вопрос. — И мы. Никому толком не помогаем, просто смотрим. Зачем мы?

— Больная совесть общества, — ответил Ренат. — Не лечит, а просто болит.

— И где оно, новогоднее чудо?

— Ты, — пробормотал сквозь сон фельдшер. — Чудо — это ты.

И расплескался заливистым храпом. Над городом вставало солнце.

Жмуренок

— Я готова к реанимации.

— Ну, проходи, остывай пока.

Диалоги скорой помощи

Я огляделась. Лужица была совсем небольшой. Сгустки свернувшейся крови под фонарями дневного света казались черными. В углу прилежался угрюмый сверток на три кило весом. Продолговатый кулек в клетчатом шерстяном одеяльце. Смотреть на него было нельзя, но нужно. Невозможно. Обязательно.

— Да, — сказал Ваня. — Все так и есть.

Надо было всеми словами утвердить реальность происходящего.

— Да, — сказала я. — Так все и было. Звони.

И Ваня позвонил.

Оттого, что территорию больничного сквера некая убогая фантазия в прошлом столетии засадила тополями, сквер приобрел мрачную атмосферу кладбища. За полсотни лет тополя вымахали, изрешетили небо лысыми осенними ветками, а в кроне деревьев стая ворон разместилась своими гигантскими махровыми гнездами. Внизу было тихо, среди вершин подвывал ветер. Половина фонарей в сквере не горела.

— Да, — говорил в трубку Ваня. — Да-да-да, — забивались гвозди. — Живая. Мертвый. Забрали. Забирать не стали. В больницу? В морг? Ждать не стали. Ждем.

— Сколько? — Я закурила одну сигарету и сразу достала из пачки вторую. Курить полагалось вдумчиво, и не меньше чем полпачки.

— Отзвонятся. Я думаю, что... — Ваня повернулся к ветру спиной, прикрывая огонек, — думаю, что надолго. Но я не знаю. У меня такого раньше не было.

— И где нам ждать? В роддом не пустят. На улице холодно. А в машине... Там этот.

После первой сигареты я напомнила себе сменить перчатки. Грязную окровавленную пару свернула кульком и швырнула в горло мусорки в десяти шагах от машины. Промахнулась и поднимать не стала. Натянула чистую пару.

— Зачем? — лениво спросил Ваня.

— Посмотреть. — Я забралась в машину.

— Не надо, — безнадежно протянул Ваня.

Но было надо.

Перед тем как откинуть с головного конца уголок клетчатого одеяльца, я инстинктивно закрыла глаза. Открыла. Лицо было маленьким, распухшим, побагровевшим. Совсем не кукольным. Щеки — огромные, лиловые. Отекшая носопырка. Глаз не было, так, две щели-разметки. Гематома на лбу придавала черепу инопланетную форму. Долихоцефалическую, так пишут в учебниках. Я закрыла лицо лоскутом и торопливо вернулась на улицу. Тошнота подступала.

— Ну, — сказал Ваня, докуривая и доставая следующую, — рассказывай.

— Что?

— Что-нибудь. Нам тут долго стоять. А я люблю твои истории.

Один.

***

Моя первая смерть в присутствии. Время было за полночь. Мы катались по самым беспокойным забегаловкам города, подбирая напившихся и побитых, когда стервозная диспетчер, в народе именуемая Муравьиха, легким пассажем по клавиатуре швырнула на бригадный планшет «23.36-задых.бронх.астма — 00.10-сост.ухудш.без сознания».

— Это плохо, — сказал Ренат и поправился: — Впрочем, я не знаю.

Секрет быстрого перемещения по городским дорогам прост — следует нисколько не торопиться, быть влюбленным в полотно и иметь в наличии проблесковые маячки. Я люблю состояние дороги. Когда отражение красного сигнала светофора на мокром асфальте лишь помогает наращивать скорость в извечной погоне за временем и от него. Потому что рядом с ограничительным красным пятном в огромной дорожной луже отражаются переливы всепрощающего синего. Сквозь открытый люк слышно, как на крыше гудит движок маячка, над головой разливается сияние. Сигнал светофора сменяется на зеленый, но его мы уже давно оставили позади. Красный — цвет крови, зеленый — жизни, а синий — это небо. Оно разрешает. На повороте во двор приходится тормозить. Припаркованные машины перекрыли проезд, оставив невозможно узкий просвет. Машина становится жидкой и синим переливчатым ручьем пробирается к подъезду. Низкая тополиная ветка полоснула по стеклу. Машина остановилась.

— Быстрее! Она уже не дышит! — парень придерживал подъездную дверь.

— Это плохо, — снова сказал Ренат.

Четвертый этаж. Тело женщины на вид двадцати лет расположено головой к выходу, лицо и шея синюшные, на полу останки разбитого небулайзера. Запоминаю для протокола. Дыхания нет. Цветные провода электродов легли на конечности, кардиограф приготовился исполнять знакомый однотонный звук и замолчал.

— Изолиния. — Зачем я озвучиваю то, что понятно даже этим испуганно замершим парням? Протокол.

— Ремнабор, — командует Ренат и сплетает пальцы между собой, правая сверху. Как учили. Раз-два-три-четыре-пять... Я пролетаю четыре этажа, заклиниваю подъездную дверь кстати подвернувшимся кирпичом, нагружаю себя реанимационной укладкой. Это был первый и последний раз, когда я так бегала. Потому что время не имеет здесь никакого значения. Успешных реанимаций не бывает. Четыре этажа наверх. Парни шарахаются в сторону. Ренат качает. Раз-два-три-четыре-пять...

— Адреналин. — Ренат задыхается.

Светлые крашеные волосы впутались в провода кардиографа и настырно лезут под руки. Я безжалостно выдергиваю ломкие пряди одну за другой, потому что сейчас я ненавижу все, что может помешать. Я хочу оценить окраску ногтей, от этого зависит диагноз, но черный гель-лак тоже мешает, и я его ненавижу. Ненависть помогает противостоять неизвестности. Что же здесь произошло?

Раз-два-три-четыре-пять... Четыре — дурацкое число, ну кому понадобилось три слога в одном слове. Очень неудобная цифра. Шесть-семь-восемь... За цикл обучения я возненавидела марш Радецкого. Мы приходили на базу и по 6 часов качали пластмассовые тела под ненавистное «тарарам-тарарам-тарарам-пампам». 120–140 в минуту... Интересно, Штраус знал, что ритм его марша в теории способен завести сердце? Раз-два-три... Вокруг головы венчиком разливается лужица рвотных масс. Мутная жидкость пузырями поднимается изо рта на каждой компрессии. У парней на лицах зачатки страха, он вот-вот разродится в панику, а это угроза, и я на несколько секунд обращаю молчаливую ненависть к ним, чтобы парализовать и обезвредить.

На Рената смотреть страшно, лицо красное, волосы дыбом, качает как в последний раз, все-таки молодая, а вдруг. Наваливается на живот пострадавшей и выдавливает из желудка пузырь воздуха вместе с остатками рвотных масс. Рвота хлещет фонтаном, заливает аппаратуру и мою новенькую форму. Меня бы обязательно затошнило, но время не позволяет. Пять минут. Кардиограф неуверенно пискнул и пошел ровными волнами.

— Ритм! Синусовый! — Ренат продал глаза кардиографу, но останавливаться нельзя, раз-два-три-четыре... — Адреналин! Еще!

Острый край ампулы режет палец.

— Молодые люди, подайте чемодан. Все вон отсюда!

20... 40 ударов в минуту, неужели? Кардиограф выводит еще пару сокращений и останавливается. Это было остаточное. Реакция умирающего сердца на адреналин.

— Можешь больше не колоть, — задыхаясь, командует Ренат, — больше не ответит. Еще пару минут, и я констатирую. Пять-шесть-семь-восемь, — восемь — тоже плохое число, два слога, ни туда ни сюда, впрочем, это уже неважно, — девять-тридцать.

— Время смерти.

Ренат отрывает руки от груди. Кажется, одно ребро сломано. Он так и не успел надеть перчатки, качал голыми руками, на основании левой ладони красное пятно. Там, на центре, мы тоже качали до крови, до мозолей, нам говорили, что однажды это спасет. Я убираю трубку, собираю иглы, ампулы и прочий реанимационный мусор, как могу отмываю аппаратуру. Ренат дает дальнейшие указания застывшим и онемевшим, просит у них сигаретку и уходит на балкон курить. Я спускаюсь вниз.

Кирпич все еще придерживает дверь, бутылка продолжает блестеть под колесом. С балкона осыпается пепел от сигареты

Рената. Парень вполголоса что-то рассказывает, наверно, обстоятельства до прибытия бригады.

— Мы бы все равно не смогли! — кричит с балкона Ренат. — Задержка вызова 20 минут! Это диспетчера по шапке получат, а не мы!

— Да не ори ты! Спустись и расскажи нормально.

Рассказывать особо нечего. У девушки астма. Приступ перешел в асфиксию. Ингалятор не помогал, скорая задерживалась. Сердце еще могло бы завестись, но мозг умер.

— Ты молодец, — говорит Ренат, — как будто всю жизнь, а не в первый раз.

Я и буду. Буду. Только мне нужно время, чтобы отсмеяться.

— Эй, да у тебя истерика! — Ренат поспешно хлопает дверью, спасая мой приступ смеха от глаз случайных прохожих и наружных наблюдателей. — Чего смешного-то, ну?

— Да просто, — я вытираю набежавшие слезы, — я не знаю. Сейчас придумаю шутку, и посмеемся вместе.

— Вообще-то, твоего возраста девочка, — замечает Ренат.

— А тебе еще бумажки писать, — мстительно сообщаю я.

Ренат тут же погрустнел, задумался.

— Закроюсь смертью до прибытия, — говорит он, — так писать меньше.

Это значит, что даже центр не узнает, как на моих глазах остановилось сердце. Впервые. И я поняла, зачем реаниматологи набивают себе на груди «*Do not resuscitate*».

* * *

— Ну и? — Ваня задумчиво изучал верхушки деревьев, а может, вороньи гнезда, а может, остаток неба, исполосованного зарей и забинтованного низкими ночными облаками. — Где конец истории?

— Она умерла, — я пожала плечами, — какой еще может быть конец?

— У тебя были истории и покруче.

Пачка закончилась.

— Ну где они там? — Ваня нервно защелкал клавишами мобильной станции. — Где старший врач? Где РОВД? Где все?

Телефон молчал. Мир внезапно стал совсем узким, только сквер, спящие вороны, гаснущие фонари, мертвая карета скорой помощи никуда не едет, потому что внутри он. Жмуренок. Я замерзла. Ваня замерз. Стоило бы пробраться в теплый приемник роддома, но жмуренка одного оставлять нельзя. В салоне тоже ночевать невозможно, больше я на него смотреть не смогу. Мы заколотили по боковому стеклу кабины. Шофер недовольно завозился.

— Открой!

— Не положено!

— Холодно!

— Идите в багажник! Вы с ковидом работаете, заразу разносите, а мне за риск не платят. В багажник!

— Но там труп!

Шофер не ответил. Ваня сплюнул и полез первым.

Мы приняли роды в машине по пути в стационар. Рожала подобранная на остановке наркоманка, из тех, кому в женской консультации при всяком удобном случае втихую ставят спирали, так как залетают они часто, и чистить их каждый раз — никакого бюджета не хватит. Донашивать такие тоже не донашивают, будет выкидыш, а если выжил — подкидыш, как говорят гинекологи из второй городской. Наша разродилась мертвым плодом. В пути же и открылось акушерское кровотечение. Мы справились. Живую тетку забрали гинекологи в роддоме, а плод не приняли, мертвых они не лечат. По всем правилам место ему было в областном морге, но для него требовалось направление, а направление дает РОВД. Случай произошел где-то между двумя районами, и ведомство пока не разобралось, какое из отделений будет нами заниматься. Так второпях сказала Ване старший врач и отключилась. Больше на связь никто не выходил.

В салоне продолжали гореть лампы дневного света, кулек лежал на положенном месте. Только сейчас я обратила внимание, что, кроме лужи крови, на полу много другого твердого и жидкого мусора, второпях разбросаны расходники и инструменты, и все это хорошо бы убрать. Ваня взялся за наведение порядка, между делом продолжив разговор.

— Так чем закончилась история? Я знаю, был другой конец.

— Много ты знаешь.

Два.

Спустя полгода у меня была вторая реанимация. В том же дворе. Со мной был мальчишка, из маленьких. Старше меня на четыре года, не суть. У него это была первая. Деду было 80 лет. Я знала, что мы его не заведем, и не торопилась. А мальчишка надеялся. Я не хотела издеваться над телом, думала пририсовать в протоколе еще минут 10 до биологической смерти, но родственники засекли время остановки дыхания, и объясняться на эту тему с судом мне не хотелось. Он качал как в последний раз. Мы все качаем как в последний, хотя тактически это неверно. Мы все тогда сильно устали, мы всегда устаем. И, как всегда, где-то в середине мы решили, что удалось завести. Он кричал «Получилось, неужели получилось!», а я сказала «Убери ногу с провода, это твое сердце, а не его». Потом мы курили. Говорят, раза два в жизни у каждого реаниматора бывают успешные исходы. Не сразу, спустя тридцать или сорок лет.

— Случайность и чудо?

— Опыт и мастерство. Наш профессионализм не успевает достигнуть стабильности. Мы умираем.

Уборка подошла к концу. Мусор был разложен по пакетам, следы крови подтерты, инструменты мы, как смогли, отмыли, упаковали для стерилизации.

— Пора курить, — сказал Ваня.

— Закончились.

— Значит, пора отзваниваться.

Старший врач ответила с четвертого раза. Сердито сказала «ждите», Ваня принялся доказывать, что столько ждать уже невозможно и натолкнулся на бронебойное «Вас много, а я одна!»

— И что, у всех детские трупы в машинах валяются? — заорал Ваня.

— Нет. Да, — сказала старший врач и отключилась.

— Рассказывай, — устало приказал Ваня.

— Что?

— Что-нибудь. Иначе мы тут с ума сойдем.

— Хорошо. Я расскажу тебе про упавшую звезду.

Три.

* * *

Упавшая звезда лежала в клумбе с георгинами лицом к небу. Ее голубые глаза с нежностью смотрели друг на друга. Карман грел целехонький пузырь водки. Падать было высоко, пятый этаж, но звезда приняла удар на себя, защитив пузырь своим телом. Собутыльник звезды тоже не получил серьезных ранений, приземлившись ровнехонько на живот своего товарища. И убежал прочь. Звезда не помнила обстоятельств делириозного бреда, который заставил двух алкоголиков со стажем выброситься из окна. Ей это было безразлично. Звезда возвращалась на небо.

— Человеку плохо, причина неизвестна, лежит в клумбе. Да не просыпайся ты, подберем неваляшку, поучим уму-разуму, а будет желание — отвезем в стационар... Так. Нет. Тебе придется проснуться. У нас коматоз.

Синева проблесковых высветила белеющие конечности из кустов. Кусты окрасились в багрово-черный. Пышные головы георгинов под светом фонаря виновато съежились и склонились над телом сгорбленными старухами. Трава вспыхнула бриллиантовой зеленью.

Костик первым рванул к бездыханному телу, прыгнул через низкую ограду, сломал цветочные заросли и обнаружил, что тело дышит. Увидел открытую форточку на пятом этаже. Понял, что перед ним «парашютист».

Трава мокрая. Газон, листья подорожника.

— Жесткие носилки, травма позвоночника, мужики, по моей команде!

Тело уже в машине, Костик перемеряет давление.

— Держит, а летяга молодец.

В дороге Костик звонит старшему врачу, старший предупреждает стационар о скором прибытии коматоза. Упавшая звезда открывает глаза.

— Как зовут нас?

— А... Аа-аа...

— Нечленораздельная реакция есть, уже хорошо, — довольно надувается Костик, — я буду звать тебя Андрюша. Андрюша, держи себя в руках, а то мы тебя потеряем.

В больничном дворе нас встречает толпа: нейрохирург, травматолог, реаниматолог и средний медперсонал.

— А где оркестр? — наивно удивляется Костик.

— А где тело? — травматолог разбужен и зол.

Тело закатывают в приемник.

— Что это он у вас в траве какой-то? — травматолог весьма недоволен.

— Потому что мы его из клумбы достали! — Костик начинает заводиться.

— Могли бы и отряхнуть слегка.

— Разуй глаза, доктор, это подорожник! Он выжил только потому, что в него упал!

— А что это тут у вас? — Серега. На нем его обычный разодранный в коленках хирургический костюм. Наружность Сереги носит печать легкой алкогольной запущенности, но на смене Серега ни капли.

— У нас белка-летяга, пятый этаж, а у вас?

— А у нас огнестрел, — Серега тоже доволен, огнестрел довезли живым.

— Да откуда же вы все свалились на мою голову! — мечется между носилками травматолог.

— С улицы, — фельдшера синхронно и лучезарно улыбаются.

Мы их вытягиваем. Ненужных даже самим себе. Парадокс в том, что мы учились и не спали ночами ради них, а когда увидели — они стали нам неинтересны. Я думала, что скорая предоставит мне безграничное поле для работы пытливого ума, но все свелось к базовому набору навыков, универсальных в любой ситуации. Чтобы получить это знание, пришлось усвоить и забыть тонну информации, но само оно оказалось таким простым, что освободившийся от нагрузки мозг завопил: «А что дальше?» Мне стало скучно.

* * *

— На этот раз конец тебя устраивает?

— У твоих историй не бывает конца.

— Потому что у них нет и начала.

— Вот только конец и начало должны быть в твоей объяснительной! Расскажи мне еще одну историю. Которую ты будешь рассказывать завтра на планерке! Как мы с тобой допустили роды вне больницы. Как разродились мертвым плодом. Как допустили кровотечение!

— Ты же все видел.

— Рассказывай!

Четыре.

Состояние роженицы было нестабильным. Узкие зрачки выдавали недавний прием героина. Сердцебиение плода не выслушивалось. Женщина пребывала в тяжелой эйфории, и только родовая боль временами возвращала ее в реальность. Машина летела. Каждая неровность дорожного покрытия сопровождалась выделением черных кровяных сгустков из родовых путей. Растворы шли литрами в обе вены. Ноги роженицы развели в стороны и приподняли. Показалась головка. Акушерское пособие. Ваню тошнит. Лицо. Синее, в сыровидной смазке. Я уже знаю, что не живой. Убрать слизь из дыхательный путей. Предложить роженице потужиться. Не слышит. Вместе с конечностями ребенка из родовых путей выливается с небольшой чайник алой крови, давление обрушивается, мать наконец открывает мутные осознающие глаза. В них смерть. Ваня наваливается всем телом на живот, пережимая кулаками аорту. Я оцениваю состояние новорожденного. Реанимация. Я уже знаю, что все бесполезно, но с детьми нельзя останавливаться. Ваня меняет флаконы, кровь выливается быстрее, чем вводится физраствор. Не останавливаться. Не важно, какой прогноз. Кровотечение у матери прекращается так же быстро, как и началось. Ребенок мертв.

***

— Складно поешь. И кто виноват? Я? Ты? Шофер? Старший врач?

— Мать.

— В чем? Ты ничего о ней не знаешь, совсем ничего!

— Мне плевать на них и на тебя, и не важно — кто! Знаешь, зачем я все это делаю? Чтобы они мне не снились! И мне никто не снится, за год работы — никто!

— Замолчи!

Я замахиваюсь и навешиваю Ване широкую деревенскую оплеуху. Ваня смотрит молча, понимающе и почти с нежностью, на его лице никаких следов пощечины, щека отчего-то горит у меня.

— Зря разоралась. Ты его разбудила.

Я оглядываюсь на сверток. Край одеяла как будто зашевелился. Наверное, тень или сквозняк.

— Рассказывай! — требует Ваня.

— Что?

— Что угодно, ну! Он же сейчас проснется!

И я, обнимая колени, раскачиваясь, выкатываю полубредовые истории о жизни, о смерти, о чем угодно, кроме сострадания и любви.

* * *

Пять.

Две фуры столкнулись на шоссе. Между фурами зажало уазик. Пассажир в коме, водителя сдавило металлом. В дорожную мясорубку вмешалась еще пара машин, несколько человек с переломами. Фурам — хоть бы что. Машины — звери. Первая скорая забрала коматоз. Спасатели выпиливали автогеном зажатого. Наш водитель снимал происходящее на видео. Я собирала данные о пострадавших. Не торопилась. Давно поняла, что торопиться бесполезно. Танька суетилась всегда. Всегда — без толку. Сейчас она носилась вокруг останков уазика, искала, как бы пробраться внутрь и начать оказывать помощь. Автоген работал, металл летел в разные стороны. Медицина дежурит строго на границе очага, а где эта граница? Там, куда не долетают куски металла? Или где не слышно оглушающей работы спасательного инструмента? Я молчу, ни до кого сейчас не докричишься. Жду, когда выпилят.

Эмчеэсник осторожно снимает дверь. Из разбитой машины показалась рука. Танька бросается к ней с тонометром и катетером наперевес.

— Чего ты стоишь, помогай! — Надо же, я ее слышу.

— Тела нет!

— Есть рука!

— А ты уверена, что она не отдельно от тела?

Танька не расслышала или не поняла, набирает в шприц ампулу морфина. Давления в шуме аварии не слышно, катетер летит мимо вены, сверху обваливается пластина металла и падает на заготовленный шприц.

— Уходи, уходи оттуда!

Тело извлекают из-под обломков, укладывают на щит, загружают в машину. Я начинаю работать. Давление низкое, травматический шок. Шину. Фиксатор на шею. Доступ, где доступ, там, в очаге, она почем зря исколола рабочие вены. Раствор. Телу нужна вода. Еще раствор. Телу нужно поднять давление. 50. 60. 70. Тело приходит в сознание и начинает кричать. Динамика положительная. Таньке крики не нравятся.

— Трамадол. Где трамадол? Ему больно!

— Значит, он чувствует!

Телу по-прежнему больно, я это чувствую, но оно замолкает. По дороге в стационар машина попадет в пробку, и водитель расчистит дорогу отборным матом по громкой связи. На подъеме в гору старенькая «газель» едва не заглохнет, но он справится, потому что Танька будет визжать ему в затылок и на одном ее крике мотор дотянет до стационара. Выгружая тело на носилки, мы забудем в машине рукав от куртки и облепленный глиной сапог. Санитарка, отмывая носилки от крови, будет истошно ругаться, но ее слова окажутся лишены неизмеримой движущей силы, которая была у тех, что прорывались сквозь рев моторов и шум автогена. Крик — это жажда жизни.

— Он выжил?

— Мы его довезли.

— Это понятно, а потом?

— А потом важно?

— В этом же смысл, разве нет?

— Не знаю. Я так далеко не умею думать.

* * *

— Рассказывай. Рассказывай, пока есть время.

— А что будет потом?

— Потом его не станет.

— Обожди минутку.

Я подбираюсь к жмуренку и укладываю кулек на коленях, левая ладонь под спинку, правая придерживает головку. Расправляю клетчатое одеяльце.

— Не надо, — Ваня смотрит умоляюще.

— Надо.

Я раскачиваюсь из стороны в сторону и запеваю:

За печкою поет сверчок,
Угомонись, не плачь, сынок,
Там, за окном, морозная,
Светлая ночка звездная...

На Ваню страшно смотреть.

— Что было с Танькой? — спрашивает трясущимися губами.

Шесть.

— Видела ее. Губы накачала. С мужем развелась. Работала с ней. Она все та же. Бестолковая. Мы выезжали на отравление уксусом. Так же суетилась и ничего не сделала. Обезболили и повезли. Дамочке лет под сорок. Тоже дура. Свадьба у нее развалилась, жених бросил. Я бы на радостях рюмашку хлопнула, а она — стакан эссенции. В приемнике так и сказали: стакан — невозможно. А я знаю, как оно бывает, первый глоток — больно, второй — терпимо, а дальше как по маслу. Заблевала всю машину кровью. Потом кислым воняло, отмыть не могли.

Из прожитого я сочиняю истории. В них много крови, мяса, жестокости. В них мы — бессердечные, всезнающие, не умеющие плакать и сомневаться. Такими мы себя делаем снаружи. Это наша оболочка, которая со временем прорастает вглубь. Мы — чудовища. Такими нас создала система. И мы нужны такими. Кто-то должен делать эту работу. И я пересказываю события, раз за разом вырывая из них все больше чувств и добавляя технических деталей. Чтобы запомнить историю так, как я хочу. Чтобы они мне снились.

— Нам не перезвонили?

— Нет.

— А что с мобильной станцией?

— Не работает.

— А рация?

— Отключена.

Не плачь, что нету хлебушка,
Глянь-ка скорей на небушко,
В небе сияют звездочки,
Месяц плывет на лодочке...

Я знаю, о чем он сейчас попросит.

— Да рассказываю я, рассказываю.

— Расскажи, когда ты перестала торопиться.

— Когда они начали оживать.

— Почему ты об этом не говоришь? Это же успех.

Потому что.

Семь.

Тело вытащили из ванной. Оно там закрылось и вскрыло себе вены. На второй день после запоя — белая горячка. Суицид. Под телом лужа крови. В ванной кровь. Дорожка крови вытекает за порог. Но дышит. Поверхностно, одним животом, вдох-выдох, туда-сюда. Двое стариков, кажется, родители, говорят, что вызвали полицию. Что до наряда труп лучше не трогать. С прискорбием сообщаю, что сынуля живой. Что надо спасать. Все равно опасаются. До полиции лучше подождать. Молча хватаю за ноги и вытаскиваю из прихожей. Нужно пространство. Наряд прибыл вовремя. Один из ментов придерживает систему, второй блюет. Ставлю трубку, даю кислород. Бьется в судорогах, рвота фонтаном. И открывает глаза. Это мой любимый момент.

— Как тебя зовут?

— Саша.

— Здравствуй, Саша. Сегодня ты будешь жить.

Пока его мозг занят лишь болью. Позже появится осознание того, что ему выпал второй шанс, и потребность что-то с ним делать. Или не появится? Что там осталось-то от мозгов? Я не знаю, что с ними происходит внутри, пока я спасаю их снаружи. И не смогу узнать.

— Я жив? — глаза ясные и широкие.

— Ага.

— Спасибо вам.

— Да пожалуйста.

Разочарование на лицах родственников. Только представился случай избавиться от незадачливого повесы, а врачи все испортили. Я это, конечно, додумываю, не может такого быть. Мой мозг устал.

Восемь.

Нравится портить планы на ближайшие похороны. Когда уже и ритуальные услуги вызваны, и наследство обсуждается, а я ставлю диагноз, я угадала с диагнозом, глаза открываются, в глазах жизнь. Они все равно откажутся от госпитализации и все равно ее похоронят, но хотя бы на минуту они почувствуют страх и беспомощность — зачем? Труд, знание, человеколюбие и искусство бессильны перед квартирным вопросом.

А я работаю. Навык, вбиваемый в руки в условиях, предельных для моих возможностей. Потому что только на пределе я чувствую, как живу. Таких, как я, у нас большинство. Мы родились адреналиновыми наркоманами. Мы больные. И такие, как мы, здесь и нужны.

Я научилась применять интуицию. Я понятия порой не имею, зачем что-то делаю, и лишь в ретроспективе понимаю — это был единственно верный вариант действий. Я не могла до него додуматься, не обладала тогда этим знанием. А руки смогли.

* * *

Ты спи, а я спою тебе,
Как хорошо там на небе,
Как нас с тобою серый кот
В санках на месяц увезет...

Девять.

Я работаю с жизнью и смертью, но не совершаю необратимых поступков. Я только сопровождаю. Я люблю работать одна. Я всегда одна. Меня вызывают, я приезжаю. За мной идут, а я не иду ни с кем. За моими плечами столько опыта, что только опыт я теперь и ценю. Я встречаю человека, высасываю знания, которыми он может быть мне полезен, и иду своей дорогой. Я не люблю. Любить — это тоже необратимо.

— Кто я?

— Человек. Одинокое и странное разумное существо, пришедшее в этот мир, чтобы навсегда изменить его.

— Но что во мне осталось человеческого?

— Все.

— Тогда почему я здесь?

— Ты их любишь

Я не хочу. Любить больно, чувствовать глупо, все эмоции сознательно и необратимо во мне выжжены. Но любовь — это не эмоция, это — смысл.

Ну отдохни хоть капельку,
Дам золотую сабельку,
Только усни скорей, сынок,
Неугомонный мой сверчок.

Я допеваю колыбельную и возвращаю жмуренка на место, тщательно подтыкая одеяльце. Выбираюсь из машины, дверь за мной никто не закрывает. Ваня исчез.

Сквозь решето тополиных веток прорываются хлопья снега. Слипшиеся снежинки с обломанными краями тают в ладонях и удивленно смотрят на мир внезапно прозревшими глазами-каплями. Боль прорастает ветками сквозь пальцы, ветви, переплетаясь, закрывают горизонт. Здесь не было птиц, давно уже нет, это очень старые гнезда, такие же старые, как эти деревья и здание больницы. Здесь будет жизнь. Прямо сейчас, за погасшими фонарями и тускло мерцающими окнами. Они кричат, и вместе с криком рождается новое, человеческое. Они будут любить и ненавидеть и находить время всякой вещи под небом, зажигать и гасить звезды, и умирать от случайности, от глупости и тоски, и каждый раз, пробиваясь сквозь стены обледеневшего гнезда, смотреть птичьими глазами туда, где пока ничего нет.

Водитель наконец соизволил открыть дверь кабины.

— Не надоело болтать еще? Уши от вас вянут. Вы там по телефону изволите беседовать, доктор?

— Мы общаемся.

— С кем, разрешите узнать? Вы сегодня в одни руки работаете, бригада неотложки.

Я оглядываюсь, вокруг никого нет и не было. Я одна, я всегда одна.

— Так и будете мерзнуть и с покойниками общаться? Залезай в кабину, пока не передумал!

В кабине печка, нагретый лежалый воздух и чай из термоса.

— Нет, спасибо.

Дверь закрывается. Я оборачиваюсь. Он здесь. Улыбается совсем по-детски, а перчатки все еще в крови, так и не успел сменить.

— И все-таки ты их любишь.

Губы. Сухие и подвижные, как ртуть. Пальцы длинные, бледные, умелые, музыкальные. Дыхание холодное, влажное, снежное. Глаза совсем близкие, круглые, черные, усталые, смешливые, плачущие, немигающие, по-птичьи прищуренные. В них беззащитное любопытство, в них все, кроме страха, они очень старые, и совсем ничего не знают, и смотрят всепоглощающе жадно в темноту и на солнце, нисколько не боясь ослепнуть. И смерть была далеко. За дверью.

*Выражаю благодарность людям,
самоотверженно вычитывавшим этот текст
на этапе его создания: Ирине Ким и Денису Орехову;
Евгению Бабушкину за идею книги;
моим коллегам-медикам за предоставленный материал.
Отдельная космическая благодарность Дмитрию Емцу
за безжалостную редактуру. Perigrinatio est vita.*

ОГЛАВЛЕНИЕ

Читайте книги ИД «Городец»

Александра Натарова

«Город М». Роман

Город — это не просто набор домов и улиц, это живое существо, о котором нужно заботиться. И занимаются этим не только люди. Во многом им помогают Хранители, на первый взгляд — обычные городские животные: кошки, вороны, даже крысы. Но на самом деле они — волшебные существа, защищающие людей от Теневых — мрачных сущностей, способных свести с ума и питающихся людской агрессией и страхом. Кто из них выиграет битву за город, зависит от Путевода — единственного человека, которого город наделяет особыми способностями. И который может привести в гармонию силы добра и зла. Но что делать, если выбор города пал на двенадцатилетнего ребенка?

Интернет-магазин gorodets.ru

Читайте книги ИД «Городец»

Виктория Лебедева

«Как он будет есть черешню?». Сборник

Что чувствуют родители, когда их детям грозит суд? Что чувствуют дети, когда родители уходят? Почему вдруг возникает ненависть между любящими сестрами и сколько лет требуется для примирения? И самый важный вопрос — возможно ли простому человеку прожить вне политики и госструктуры и сохранить внутреннюю свободу? Обязательно ли для этого менять страну?

На эти и другие вопросы автор пытается ответить хотя бы себе в повести «Как он будет есть черешню?» и романе «Без труб и барабанов».

Интернет-магазин gorodets.ru

Читайте книги ИД «Городец»

Владимир Шпаков

«Пленники амальгамы». Роман

Разум всегда готов впасть в кошмарный сон, рождающий чудовищ. И этот сон в романе Владимира Шпакова «Пленники амальгамы» становится явью. Главный герой произведения — его величество Безумие, представленное в самых разных ипостасях. Своим крылом Безумие задевает каждого персонажа; перед каждым ставит зеркало, где отражаются изувеченные и искореженные души. Метаморфозы, которые претерпевают эти души, необычны, фантастичны, они выламываются из рамок обыденности и привычной логики. И в то же время говорят что-то важное о нас, здравомыслящих представителях рода человеческого...

Литературно-художественное издание

Мария Ким

МОЙ ТЕЛЕФОН 03

Роман

В книге сохранены особенности авторской орфографии и пунктуации

Выпускающий редактор Б. Геласимов

Корректор А. Калинин

Компьютерная верстка Е. Климентьевой

Дизайн обложки А. Геласимовой

Подписано в печать 01.03.2021. Формат 60×90/16

Печ л. 16,5. Гарнитура «Alegreya».

Тираж 1000 экз. Заказ 1457.

«Издательский дом “Городец”»

105082, г. Москва, Переведеновский пер., д. 17, к. 1

www.gorodets.ru, e-mail: info@gorodets.ru

тел.: +7 (985) 8000 366

Отпечатано в АО «Первая Образцовая типография»
Филиал «Чеховский Печатный Двор»
142300, Московская область, г. Чехов, ул. Полиграфистов, д. 1
Сайт: www.chpd.ru, E-mail: sales@chpd.ru, тел. 8(499)270-73-59

16+

p. 106 - скорая - это наркотик
p. 108 - скорые наблюдатели ⇒ никто не меняют
алкоголик и „против смерти" Роман
Даше - наркоман
p. 137 - это правда?
p. 170 (как раньше мыли одноразовые тарелки)
p. 172 - повод
p. 179 - ха-ха!
p. 197 - собака
p. 213 - опись!